목사의 시대적 사명과 한국 신학교육의 개혁

목사의 시대적 사명과 한국 신학교육의 개혁

지은이 · 양낙홍
초판 1쇄 펴낸날 · 1998년 10월 26일
초판 2쇄 펴낸날 · 2005년 9월   9일
펴낸이 · 김승태
표지디자인 · 한영애
등록번호 · 제2-1349호(1992. 3. 31)
펴낸곳 · 예영커뮤니케이션
          110-616 서울 광화문 우체국 사서함 1661
          유통사업부 T. (02)766-7912 F. (02)766-8934
                    E-mail: jeyoungsales@chol.com
          출판사업부 T. (02)766-8931 F. (02)766-8934
                    E-mail: jeyoungedit@chol.com
          홈페이지 www.jeyoung.com

ISBN 89-8350-139-1   03230

값 3,500원

목사의 시대적 사명과 한국 신학교육의 개혁

양낙흥 지음

예영커뮤니케이션

4

"민족 공동체의 미래의 운명을 예견하고 그 위험을 경고하는 사명이 설교
자들에게 있다는 말은 설교자들에게 무거운 책임을 부과한다는 것이다.
동시에 그것은 그들에게 커다란 특권과 영광을 부여한다는 의미이며 설
교자의 위상을 이 사회의 영적 스승의 위치로 끌어올리는 일이다."

    IMF 경제 위기가 닥쳐 우리 사회의 모든 부문이 몸살을 앓게 된 후,
많은 사람들이 새삼스럽게 발견하게 된 사실은 우리 나라가 생각보다
훨씬 더 부실하고 기반이 허약한 나라라는 것이다. 불과 얼마 전만 해도
국민 소득 일만 불 시대에 진입했느니, OECD 가입으로 선진국 대열에
진입하게 되었느니 하면서 자축하고 있던 나라가 하루아침에 맥없이 무
너져 내리는 것을 볼 때, 이 나라가 지금까지 구가하던 경제 성장은 하나
의 거대한 모래성에 불과하다는 느낌을 갖게 된다. 이러한 실망과 함께
그리스도인들을 괴롭힌 또 한가지 의문이 있다. 천만의 기독교인들과
수만 개의 교회가 있고, 매 주일 그 강단에서 수많은 설교가 흘러나오고
있는 나라가 어떻게 그처럼 허무하게 무너질 수 있는가 하는 것이다. 도
대체 이 나라에 기독교인들과 교회가 그토록 많다는 것이 국가적으로
무슨 의미가 있는가? 한국의 강단들에서는 매주 어떤 설교들이 전해졌
기에 이 백성들은 전혀 생각지도 못했던 환난을 맞이해야 했단 말인가?
이 나라에 하나님의 말씀을 전하는 선지자들이 그렇게도 많다면 국가의

전면적 파국은 선견자들을 통해 경고되었어야 하지 않는가? 그런데 한국 교회는 이 대규모의 민족적 재난 직전까지도 조만간 이 나라에 파국이 임하리라는 어떤 경고도 발하지 않았다.

구약 시대 선지자들은 한 사회의 파수꾼으로서 민족 공동체에 닥쳐오는 위험을 경고하여 하나님의 백성들로 하여금 재난을 대비케하는 책임을 가지고 있었다. 이 시대에도 선지 전통의 계승자인 설교자들은 자기 민족과 국가 공동체의 운명에 대해 책임을 져야 한다. 그들은 하나님의 말씀에 근거하여 자기가 속한 사회의 문화와 역사의 상황을 진단하고 나아갈 방향을 제시해야 한다. 물론 국가와 민족의 운명에 대해 목사들만 책임을 져야 한다는 말은 아니다. 필자가 말하고자 하는 바는 설교자들이 선지자적 사명의 계승자들로서 자기 공동체의 영적, 도덕적 건강에 대해 깊은 관심을 가지고 주의 깊게 관찰하고 있다면 사회의 가까운 장래의 운명을 예측할 수 있다. 그리고 그러한 관찰과 평가에 근거해 민족에게 임박한 위험을 경고하고 회개를 촉구할 수 있다는 말이다.

삼풍백화점 참사나 성수대교 붕괴 사고가 발생했을 때 우리는 이 나라의 건설 공사들이 얼마나 부실한지, 또 그처럼 부실한 공사를 초래한 이 사회의 도덕성이 어느 정도인지를 충분히 짐작할 수 있었다. 또한 약간의 영적 분별력을 가진 사람이라면 누구나 이 민족이 심각하게 회개하지 않는 한, 그리고 이 사회의 도덕적 표준이 현저히 향상되지 않는 한 조만간 그런 사고들보다 훨씬 더 심한 재앙에 직면하게 되리라고 예상할 수 있었을 것이다. 그것은 성경을 통해 하나님의 성품과 역사 속에서 일하시는 방식을 알고 있는 사람들에게는 너무나 자명한 사실이었다. 그러나 과연 그 이후에 한국 교회의 강단은 얼마나 다가올 재앙에 대한 경고를 발하면서 민족의 회개를 외치고 촉구했던가? 여전히 축복과 성공의 달콤한 메시지로 교인들의 영혼을 마취시키면서 양적 성장을 꾀하던 교회는 없었던가? 물론 설교자들이 회개와 각성의 메시지를 외쳤다고 하더라도 이 민족이 죄악과 불의를 회개하고 돌아섰으리라는 보장은 없다. 문제는 강단들로부터 선지자적 경고의 음성이 온 나라에 강력하게 울려 퍼져야 했을 때에 그러한 일이 일어나지 않았다는 것이다. 하나님의 말씀을 대언하는 선지자적 사명을 가졌다고 자처하는 설교자들이 수만 명이나 있는 나라가 하루아침에 수백만의 실업자와 수천 명의 노숙자들을 낳은 국가적 파탄을 전혀 예기치 못한 가운데 맞이했다는 사실은 이 땅의 선지자들이 자신들의 사명을 제대로 수행했다고 말할 수 없을 것이다.

민족 공동체의 미래의 운명을 예견하고 그 위험을 경고하는 사명이 설교자들에게 있다는 말은 설교자들에게 무거운 책임을 부과한다는 것이다. 동시에 그것은 그들에게 커다란 특권과 영광을 부여한다는 의미이며 설교자의 위상을 이 사회의 영적 스승의 위치로 끌어올리는 일이다.

설교자의 위치에 대한 이러한 관점-설교자가 사회의 도덕적 지도자라는-은 현재 한국에서 일반적으로 인식되고 있는 설교자상과는 큰 거리가 있다. 한국에서는, 좀 심하게 말해서 '어떤 남자든지' 설교자가 되기로 마음먹었다면 그렇게 될 수 있는 길이 열려 있다. 과연 그것이 설교자의 자격에 대한 성경적 인식을 반영하는 현상일까? 물론 그렇지 않다. 설교자의 사명이 한 사회의 영적, 도덕적 지도자로서 그 사회의 정신적 건전성을 진단하고 진행 방향을 제시하는 영광스러운 것이라면 한국 신학교들의 목사 배출 과정은 지금부터라도 획기적으로 개선되어야 한다. 한국의 '선지 학교'들은 선지자 후보생들을 선발하는 과정에서부터 그들을 한 사람의 자격을 갖춘 선지자로 양육하여 배출하는 과정에 대해 깊고도 진지한 논의를 계속해야 한다.

일차적으로 필자는 신학생 전도사 제도가 폐지되어야 한다고 생각한다. 신학생이 교회 전도사로 일하면서 공부하는 것은 정상적인 신학교육을 불가능하게 한다. 그러나 한국 목사 양성 과정의 문제가 단지 신학생 전도사 제도에만 존재하는 것은 아니다. 신학생들이 전도사로 일하면서 사례를 받는 현재의 제도가 없어진다고 해서 곧 자질 있는 목사 양성의 필요충분 조건이 제공되는 것은 아니다. 신학생 전도사 제도의 폐지와 함께 또 하나의 문제가 해결되지 않으면 이 시대가 요청하는 신학교육의 목적 달성은 요원할 수밖에 없는데, 그 다른 측면이란 바로 신학대학원 교육의 질적 수준의 향상이다.

본서의 후반부에는 지난 5~6년 간 필자가 한국에서 신학교 교수로서 목사 양성을 위해 봉사하는 가운데 발견한 가장 큰 구조적 문제점들 가운데 몇 가지를 정리하였다. 그러므로 여기서 신학교육과 관련된 모든 문제점들을 망라한 것은 아니다. 필자는 이러한 도전을 계기로 한국 교회와 신학교육 담당자들 사이에 보다 나은 목사 양성의 방법과 신학교육이라는 주제에 대한 진지한 토론들이 일어나기를 기대한다. 이 책에서 취급하는 주제들 모두에 대한 100퍼센트의 정답을 제공하고 있다고 자처하지 않는다. 본서의 주제들에 대해 필자의 소견보다 나은 견해들이 있을 수 있다. 다만 본서가 한국 교회에 보다 질 높은 신학교육에 대한 토론을 불러일으킬 수 있다면 필자는 만족할 것이다.

현재 대부분의 한국 교회는 개교회주의와 교회 성장 지상주의에 혈안이 되어 있다. 많은 목사들의 관심은 대부분 자기 교회의 양적 성장과 교회 내부의 문제에 집중되어 있다. 필자는 이것이 결코 바람직한 현상이 아니라고 여긴다. 설교자는 단지 자기 교회뿐 아니라 교단과 한국 교회, 그리고 지상에 있는 보편 교회 전부에 관심을 가져야 한다. 뿐만 아니라 교회와 목사는 하나님이 창조하신 사회, 문화, 역사, 그리고 국가에 대해서 관심을 가지고 책임을 감당해야 한다. 단지 자기 교회의 양적 성장에만 몰두하는 목사들은 그것이 과연 무엇을 위한 것이며, 어떠한 동기에서 비롯된 것인지 자문해 볼 필요가 있다.

본서의 전반부는 따라서 한국 교회의 일반적 추세, 나아가서 현대 복음주의의 부정적 측면에 대한 도전일 수도 있다. 교회의 외형적 성장주의는 변질된 복음주의가 낳은 부산물이요, 기형아이기 때문이다. 물량주의적인 목회 성공관이 지배하는 이 시대에 목사가 공동체의 역사, 문화, 사회에 책임을 느껴야 한다는 주장은 어쩌면 돈키호테 같은 소리로 들릴지 모른다. 그러나 아무도 귀기울이는 이 없는 외침이라도 그것이 옳고 필요한 말이라면 외쳐져야 한다. 이 책은 그러한 판단에서 쓴 것이다.

본서의 취지에 전적으로 공감하여 출간을 기꺼이 결정한 예영커뮤니케이션의 김승태 사장님께 감사를 드린다. 그리고 책이 나오기까지 수고한 편집진들과 원고를 읽고 교정하면서 좋은 아이디어들을 제안했던 김재윤, 방영균, 김진승, 도진해 형제 그리고 김명진 자매에게 감사한다. 저녁 해질 무렵이면 일산 호수 공원의 긴 산책로를 걸어가면서 필자가 들려주었던 본서의 주제와 골격들을 주의 깊게 듣고 소중한 격려와 조언을 제공했던 아내에게 깊은 감사를 드린다.

1998. 10. 1.

천안삼거리 고려신학대학원에서

양 낙 홍

| 차례 |

제 1 부
목사의 시대적 사명

1장 목사란 누구인가?

내가 어릴 때 보았던 우리 교회 목사님은 다분히 유약한 이미지였다. 내가 다니던 초등학교 바로 옆에 우리 교회가 있었기 때문에 나는 종종 학교 등하교 길에서 그분 일행이 지나가는 것을 볼 수 있었다. 그는 항상 단정히 차려 입은 검은 양복에 성경과 찬송을 한 손에 들고 한복 차림을 한 몇 사람의 여성들과 함께 다녔다. 그 여자들은 아마도 여전도사, 권찰, 여집사들로서 목사님과 함께 심방을 다니는 중이었을 것이다. 목사님 일행이 일 년에 한두 번 우리 집에 심방을 오시면 항상 나에게 잘 생겼다는 등의 기분 좋은 칭찬을 해주셨다. 그리고 정성껏 준비한 어머니의 점심 식사를 대접받은 후에 다소 지루하게 여겨지는 예배를 인도하고 떠나시곤 했다. 늘 목사님은 부드럽고 선한 분이라는 인상을 나에게 주었다. 그러나 어린 내 마음에는 어른이 되면 목사가 되고 싶다는 생각을 해 본 적이 없었다. 목사는 어쩐지 재미없고 무력하며 판에 박힌 부자연스러운 생활을 하는 사람으로 보였기 때문이었다.

성인이 되고 신학도로서 미국에 유학을 갔을 때, 나는 한인 목사들 가운데 또 다른 유형을 보게 되었다. 어떤 이민 교회 목사들은 마치 여행사직원이나 이삿짐 센터 주인 같은 일을 하고 있었다. 그들은 한국인 가족이 이민, 유학 등으로 미국에 오게 되면 그들이 공항에 도착하는 시간을 미리 알아두었다가, 그 시간에 차를 가지고 마중을 나간다. 그리고 공항에서 집까지 짐을 실어 주는 서비스에서부터 시작하여 그 가족이 미국에 정착하는데 필요한 모든 일을 직접 도와주었다. 거처를 구하고, 직장을 얻거나 사업을 시작하고, 아이들을 미국 학교에 입학시키고, 차를 구입해서 운전 면허를 얻고 쇼핑을 하는 등 모든 자질구레한 일들을 도와주었다. 그것이 처음 미국에 도착한 한국인들에게는 아주 필요하고 또 감사하게 느껴지는 친절이었다. 그러나 당시 신학도였던 필자로서는 과연 그러한 일을 위해 목사가 그토록 많은 시간을 할애해야 하는가에 대해서 의문이 많았다.

  그로부터 다시 10여 년의 세월이 흘러 신학교에서 교수로 목사 후보생들을 상대하게 된 지금, 필자는 가끔 신학생들이 장차 어떤 목사가 되기를 원하는지 물어 본다. 혹 대설교가가 되어 대형 교회를 담임하는 목사가 되고 싶은지, 어떤지를 물어 보면 뜻밖에도 많은 학생들이 앞으로의 목회에 대해 별다른 야심이 없다는 말을 자주 듣는다. "그저 빨리 신학교 시절이 지나가서 목사가 되면 좋겠습니다. 특별히 설교를 잘해서 큰 교회를 만들고자 하는 생각을 가진 사람은 별로 없습니다. 우리는 부목사라도 평범하고 안정된 생활을 하고 싶습니다." 욕심이 없는 것인가, 아니면 꿈이 없는 것인가? 소박한 대답이라고 칭찬해야 할지, 아니면 무력하고 매너리즘에 빠진 젊은이들이라고 책망해야 할지 필자는 혼란을 느낀다.

  수백 년 전으로 거슬러 올라가서, 종교개혁 직전 영국 청교도들은 국교회의 성직자들이 너무나 무식하고 부패하다고 불만을 터트렸다. 청교도들은 설교가 성경에 계시된 위대한 진리들을 사람들에게 가르치기 위해 하나님이 정하신 주요한 수단이라 생각했기 때문에 설교에 많은 의미를 부여했다. 그런데 당시 국교회의 감독들은 자기들 말을 잘 듣는 고분고분한 인물들을 찾기가 어려웠다. 그래서 그들은 빈 성직을 무능하고 평판이 나쁠 뿐 아니라 복음을 설교할 자격이 없는 자들로 메우고, 유능하나 비타협적인 청교도 설교자들을 배제하고 침묵시켰다. 청교도 신자들은 무식하고 악하여 설교로 교인들을 교훈할 능력이나 자격이 없는 목사들의 임명에 분개했다. 그들은 '구두공, 이발사, 양복쟁이, 물동이 지는 사람, 목동, 그리고 말 지키는 자들을 목사로 모시는 영국 교회 신자들이 어찌 무지하고 천박하며 부패하지 않을 수 있겠는가' 하고 개탄했다. 이것이 훗날 청교도들로 하여금 고국을 등지고 신대륙을 찾게 만든 이유들 중 하나였다.

사회 지도자로서의 목사

한때 목사가 사회의 지도자였던 시절이 있었다. 신대륙에 건너가 미국을 건설한 청교도 사회에서 목사는 명실공히 그 사회의 정신적 지주요, 스승이었다. 청교도 마을들은 교회를 중심으로 이루어졌고 더 구체적으로 목사의 설교를 따라 공동체의 삶이 진행되었다. 목사는 그 마을에서 가장 존경받는, 권위 있는 인물이었다. 뉴잉글랜드 초기의 목사들은 각 촌락에서 대학 교육을 받은 몇 안 되는 사람들 가운데 하나였고, 따라서 공동체에서 가장 학식 있고 지성적인 인물들이었다. 그들은 또 교양과 덕망을 갖춘 인물들이었다. 마을 사람들은 목사를 신뢰했고 따랐다. 뉴잉글랜드 청교도들 사이에서 목사들이 얼마나 사랑과 존경을 받았는지는 '뉴잉글랜드 노처녀들(New England spinsters)'이라는 말이 생긴 것만 보아도 짐작할 수 있다. 당시 뉴잉글랜드 마을들의 처녀들은 자기들의 목사님을 가장 이상적인 남성상으로 생각했기 때문에 목사님 같은 그런 분이 아니면 결코 결혼하지 않겠다고 고집을 부렸다고 한다. 그 바람에 그 지방에는 노처녀가 많았다. 17, 8세기 뉴잉글랜드 청교도들 사이에서 목사의 설교는 절대적 영향력을 가졌다. 미국 혁명기 청교도들은 영국에 대항한 혁명을 설교한 목사들의 권유를 따라 무장을 하고 독립 전쟁에 나섰다.

20세기 초만 해도 미국 장로 교회의 총회 때면 뉴욕타임즈 같은 신문들이 총회의 결정을 매일 상세히 보도했다. 장로교과 같은 무게 있는 교회의 중요한 결정은 전 미국인들의 관심의 대상이었다. 그러면 한국의 형편은 어떠한가? 한국의 어떤 교단 총회의 진행 상황이 주요 일간지에 보도되는 일이 있는가? 총회 결정은 고사하고 총회가 개최되고 있다는 사실조차도 보도되지 않는다. 교회는 한국 사회에서 철저히 무시당하고 있다. 1920~30년대 미국의 주요 신학자들은 뉴욕타임즈 같은 신문의 주요한 기고자들이었다. 라인홀드 니버, 그래샴 메이천 등이 그러했다. 그러나 한국의 주요 일간지에 신학자들의 칼럼이나 글이 실리는 경우는 거의 없다. 주요 일간지들의 칼럼이나 기고란은 일반 대학 교수들이 독점하고 있다.

현대 한국 사회에서 목사의 위치는 어디인가? 목사가 사회의 삶에 영향을 주고 있는가? 목사들의 설교가 민족과 역사의 진행 방향에 영향을 미치고 있는가? 그렇다고 자신 있게 대답할 사람은 아마 아무도 없을 것이다. 목사는 교회 내에서나 힘있는 사람으로 통하고 있다. 일반 사회에서 목사의 존재란 미미하다. 아무도 그들의 말이나 설교에 주의를 기울이지 않으며 무게를 부여하지 않는다. 한국에서 목사는 전통적으로 '골목 대장'에 불과할 뿐이었다.

사회 속에서 목사의 위치

이 사회 속에서 목사의 위치는 어디인가? 목사는 사회적으로 어떠한 존재여야 하는가? 목사가 감당해야 할 사회적 책임은 무엇인가? 목사는 교회 안의 지도자로만 머물러야 하는가?

구약의 선지자들은 한 사회의 도덕적 파수꾼의 역할을 수행했다. 그들은 그 사회의 흐름과 진행 방향, 그리고 문화의 도덕적 건전성 등에 대해 가장 민감한 분별력을 소유하고 있었다. 하나님의 말씀으로 훈련되고 무장된 그들은 민족 공동체의 영적 상황을 가장 예리하고 민첩하게 체크하고 있다가 도덕적, 영적 위기가 감지되면 즉시 경고의 나팔을 불었다. 모든 사람들이 영적으로 깊이 잠든 한밤중에도 그들은 깨어있어 그 공동체에 언제 닥쳐올지 모를 위기를 감시했다. 그들은 그 사회의 파수꾼의 역할을 충실히 감당했다. 자기 민족의 타락과 죄악을 경고하고 회개를 촉구함으로 공동체를 하나님의 심판으로부터 건지고자 했던 것이다. 현대의 목사들도 이 사회의 파수꾼으로서의 역할을 수행해야 한다. 그들은 일차적으로 교인들에게, 그리고 이 사회를 향해 다가오는 위기들을 경고해야 한다.

설교자들은 민족을 변화시켜야 한다. 또한 교회는 민족성을 개조시키는 용광로가 되어야 한다. 역사적으로 복음이 제대로 전파된 사회에서는 그 민족성이 변화되었다. 제네바가 그러했고 뉴잉글랜드가 그러했다. 현재 한국이 겪고 있는 위기는 종합적으로 말해 민족성의 문제요, 민족의 의식 수준의 문제다. 우리 민족의 도덕성과 의식 수준이 현재 우리가 겪고 있는 것과 같은 문제를 낳았다. 그러므로 민족의 의식과 가치관이 변화되지 않고서는 이 난국이 해결될 수 없다. 그러면 누가 이 민족을 변화시킬 것인가? 설교자들이 해야 한다. 설교자들이 하나님의 살아 있

는 말씀을 효과적으로 가르치고 전파함으로써 민족성과 민족의 역사를
바꾸어야 한다.

교회는 민족 지도자들의 산실이 되어야 한다. 교회는 하나님의 자녀
들에게 하나님의 말씀을 가르치는 가운데 올바른 정신과 도덕, 가치관
과 세계관으로 그들을 무장시켜야 한다. 기독교적인 생활 방식과 사고
방식으로 훈련된 젊은이들을 양성하여 이 사회의 지도자로 배출할 수
있어야 한다. 오늘날 이 사회에는 건전하고 올바르며 유능한 지도자가
너무나 부족하다. 정치, 경제, 교육, 문화, 언론, 종교 등 모든 분야에서
우리 나라의 가장 큰 문제는 좋은 지도자가 부족하다는 것이다. 교회는
민족의 지도자적 인물을 배출하기에 가장 유리한 조건을 갖춘 조직이
다. 교회가 하는 일이 본질적으로 사람을 만들고 기르고 변화시키는 것
이기 때문이다. 그러나 어찌된 셈인지 한국 교회는 지금까지 그러한 역
할을 제대로 수행하지 못했다. 지난 100년 간 한국이 배출한 위대한 인
물들 중 교회의 아들딸들이 누구누구이며 몇이나 되는가?

한국 목사들의 사회적 기여

교회와 목사들은 이처럼 중대한 민족적, 역사적 책임을 가지고 있다.
그러나 한국 교회는 지금까지 이 중 어느 하나에서도 뚜렷한 역할을 수
행하지 못했다. 도대체 한국 교회는 이 사회 속에서 무슨 의미를 가지고
있는가? 교회는 이 민족을 위해 어떤 기여를 하고 있는가? 교회 외부로
부터 목사들과 기독교인들은 늘 교회 안에 모여서 자기들만의 활동에
골몰한다는 지적을 받아 왔다. 교회를 성장시켜서 무엇을 할 것인지는
별로 생각지 않고 단지 물량적으로 교회를 키우는 데만 열심이었다. 확
장 자체가 목적인 기업가들처럼 일부 한국 목사들도 교회를 확장하는

그 자체에서 만족과 기쁨을 찾고 있는 것은 아닌가? 만일 그렇다면 그들은 목회의 동기를 재점검하고 그 속에 있는 불순한 동기들을 제거하는 작업에 착수해야 한다. 인간적 욕심과 야망, 자기 성취와, 자기 실현 욕구로부터 해방된 '청결한' 마음 없이는 하나님을 기쁘시게 하는 사역자가 될 수 없다. 설사 인간적 능력과 수완으로, 혹은 하나님이 주신 은사 덕분에 외적으로 크게 성장한 교회를 만든다 하더라도 그것이 진정한 하나님 나라의 확장이 될 수는 없다. 목회는 결코 자기 능력을 과시하고 성공을 획득하는 여러 수단들 가운데 한 가지가 아니다. 그것은 고시 합격이나 사업의 성공을 통해 자기 능력을 입증하려는 것 같은 도구가 될 수 없다.

목사에 대한 인식

일반적으로 한국 교회는 목회직을 쉽게 생각하는 경향이 있다. 그 때문에 한국 교회는 목사들을 너무 쉽게 양산하고 있다. 극단적으로 말하면 '아무나' 목사가 될 수 있는 것으로 여긴다는 인상을 준다.

한국 교회는 어떤 남자가 '소명 받았다'고 말하기만 하면 즉시 목회할 자격이 있다고 여기는 것 같다. 목사가 되기 위해 주관적 소명 이외의 어떤 조건도 더 이상 필요치 않다는 것이다. 결과적으로 한국에서는 '원하는 자는 누구나' 목사가 될 수 있다. 교단에 따라 조금씩은 다르겠지만 목사가 되겠다는 소원과 의사만 있으면 교육적 배경이나 자질에 관계없이 누구나 목사가 될 길을 발견할 수 있다.

한국의 목사 양성 과정에는 상식과 교양을 지닌 사람이라면 누구나 발견할 수 있는 문제점들이 산재해 있다. 그럼에도 불구하고 한국의 많은 신학교들은 그것들에 대한 문제 의식을 느끼지 않는다. 혹은 지금까지 그런 식으로 목사들을 잘만 배출해 왔다는 타성에 젖어 있거나 신학교의 구조적 모순이 너무 심해서 감히 손 댈 생각을 못하고 있을지도 모른다. 오늘날 우리 사회 각 부분이 모두 개혁을 필요로 하고 있지만, 가장 개혁되기 어려운 분야 가운데 하나가 종교 분야인 것으로 보인다. 종교를 빌미로 국가나 외부인들이 간섭할 수 없게 하면서 스스로도 변화할 생각을 하지 않고 있기 때문이다.

원칙적으로는 양심이 가장 예리하게 발달되어 있고 의식이 가장 깨어 있어야 할 분야이지만 실상은 가장 낙후되어 있는 분야들 가운데 하나가 종교와 교회이다. 단적인 예로 무인가 학교와 과정이 가장 흔한 분야가 바로 신학 분야이다. 일반 대학원에서 비정규 과정(소위 정원 외의 학생을 모집하는 것)이 있으면 당장 교육부의 감사와 사정이 이루어지겠지만, 무수한 무인가 신학교들과 인가된 신학대학원들의 수많은 비정규 과정들에 대해서는 교육부도 체념하고 있는 듯하다. 부실한 자격의 목사들로 인해 피해를 보는 것은 기독교인 자신들이니 알아서 하라는 뜻인지도 모른다. 혹은 과거 군사 독재 정권 시절이라면 한국 교회야말로 정부의 말을 가장 잘 듣고 정부 방침에 가장 협조적인 집단이었는데 정원 문제, 학사 문제 같은 교육법 규정을 들고 나와 신학교에 간섭하다가는 가장 충실한 지지자들 가운데 하나를 잃어버릴지 모른다는 계산으로 기독교의 탈법적 학교 운영을 눈감아 주었는지도 모른다.

한국 교회는 이미 양적 성장마저 정지되었거나 또는 감소하는 추세에 접어들었다. 70년대에서 80년대처럼 기독교가 국민들에게 인기 있던 세월은 급속히 지나가고 있다. 한국 교회가 대오각성하고 자체 개혁에 착수하지 않으면 이러한 쇠퇴는 걷잡을 수 없이 진행될 것이다. 특별히 21세기 교회를 이끌어 갈 목사들의 자질 향상을 위해 각 신학교들이 근본적인 교육 개혁을 이루지 않으면 한국 교회의 장래는 지극히 어두울 것으로 예상된다. 기독교의 쇠퇴와 교회의 약화는 곧 목사들에 대한 일반의 신뢰 및 존경의 감소와 비례하기 때문이다.

목사들에 대한 신뢰와 존경을 회복하고 교회의 융성을 회복하는 작업은 신학교에서부터 시작되어야 한다. 본서는 그러한 취지에서 쓰여졌다. 설사 이 책이 제안하는 내용이 모두 타당하거나 최선은 아니라 하더라도 의미가 있다. 왜냐하면 적어도 이 책은 '정상적인 혹은 보다 나은 신학교육이란 어떤 것인가?', '이 시대가 필요로 하는 양질의 목사를 양성하기 위해 한국의 신학교들은 무엇을 해야 하며, 어떤 변화를 필요로 하는가?' 하는 문제를 제기하고 있기 때문이다. 이 문제 제기를 통해 한국 신학교육 담당자들 사이에, 그리고 신학도들 사이에 보다 나은 신학교육 방법과 목사 양성 과정에 관한 논의가 일어난다면 필자는 크게 기뻐할 것이다.

한국 사회가 가진 한가지 심각한 병폐는 각 부문의 구성원들이 자기가 관계하는 영역에서 명백하고 중대한 모순, 불합리 그리고 불의가 존재하는 것을 보면서도 이의를 제기하지 않고 차라리 그것에 순응하면서 살아가는 것이다. 그것들을 시정하기만 하면 자기가 섬기는 곳에서 현재보다 훨씬 더 나은 하나님 나라를 구현할 수 있음에도 불구하고 전통적 권위에 대한 두려움 때문에, 또는 안일한 타성 때문에 그러한 문제점들을 외면하고 기존 방식에 순응하면서 살아가고 있다. '주의 종들'을 양육하는 신학교들에는 이러한 현상이 없을까? 한국 신학교들의 문제는 현재로써 최선의, 또는 세계 수준의 신학교육을 행하지 못하고 있다는 것이 아니라 '어떻게 하면 보다 나은 목사들을 배출할 수 있을까?' 하는 근본적인 질문을 제기하는 일이 극히 드물다는 것이다. 어느 사회 집단에서나 가장 안타까운 일은 자신들의 목표를 세우고 정기적으로 그 목표 달성의 정도를 평가하는 근본적 중요성을 지닌 작업은 제쳐놓고 기계적으로 과거로부터 내려오는 방식을 답습하면서 현실에 안주해서 살아가는 것이다. 일반적으로 한국 사회 전체가 그런 경향을 가지고 있으며 교회는 그러한 경향이 더 심할 수 있다. 진리의 보수를 강조하다가 자칫 모든 것에서 보수적인 것이 좋은 것이라고 착각할 가능성이 있기 때문이다. 한국 교회는 이제 그런 무사 안일과 현상 유지의 태도를 버려야 한다.

2장 민족을 지키는 파수꾼

현재의 시대적 상황

IMF 경제 위기로 인해 우리 사회에는 불행하고 마음 아픈 일들이 많이 일어나고 있다. 수많은 가장들이 서울역, 지하도, 공원 등에서 노숙을 하고 있다. 동해안의 어떤 어민들은 폭풍 경보가 내린 악천후에도 목숨을 걸고 출어하고 있다고 한다. 기름 값이 올라 배의 유지비는 더 들고 생선 값은 떨어졌기 때문에, 나쁜 날씨로 다른 사람들이 고기를 잡으러 나가지 않는 날에 나가야 생선 값을 더 받을 수 있기 때문이다. 요즘 신문사들의 사회부 데스크에는 하루 20건 이상의 자살 기사가 올라온다고 한다. 그런데 중앙의 어느 일간지 사회부장의 말에 의하면, 실제 발생하는 자살 사건은 기사화할 만한 자살 사건의 다섯 배정도 될 것이라 한다. 어떤 가장은 보험금을 타서 천오백만 원의 빚을 갚기 위해 자살을 했다고 한다. 하루에 만 명씩 실업자가 발생하고 있고 중소 기업들은 줄줄이 도산하고 있다. 대낮에 아파트를 방문한 사람들의 신원을 확인하기 전에는 절대 문을 열어 주지 말라고 한다. 관리인이나 수리공을 빙자해 들어가서는 강도 짓을 하는 사람들이 늘고 있기 때문이다.

누구의 책임인가?

이러한 비극이 발생하고 있는 것은 무엇 때문인가? 물론 IMF 위기로 인한 경제난 때문이다. IMF의 첫째 요인은 정경 유착이라는 단어로 잘 요약되는 정치인들과 대기업들, 특히 최고 집권자들의 부도덕한 정치 관행이다. 둘째는 기업들의 방만하고 불합리하며 권위주의적인 운영이요, 셋째는 경제 관료들의 무책임과 비겁함 그리고 무능과 보신주의다. 더 구체적으로 말하자면 한보 비리, 김현철 씨의 국정 농단 그리고 기아 사태 등이 IMF 사태의 직접적이고 결정적인 요인들이다.

그러면 한국 교회는 어떠한가? 한국 교회는 이 국가적 난국의 도래에 아무 책임이 없는가? 그렇지 않다. 한국 교회도 이러한 민족적 불행에 대해 다른 어느 단체보다도 큰 책임이 있다. 왜냐하면 한국 교회는 사회의 파수꾼으로서 그 공동체에 도래할 위험을 예고하는 선지자적 책임을 수행하는 데 실패했기 때문이다. 교회가 국가의 파수꾼으로서 국가와 사회의 도덕적 타락과 그로 인한 하나님의 심판을 강력하고 분명히 경고하지 않았기 때문에 우리 정부와 국민들은 윤리적으로 각성하지 못했고, 다가오는 위험에 대비하지 못하였다.

사실 현재 한국 사회가 겪고 있는 사회·경제적 위기는 이미 오래 전에 충분히 예견되었었다. 성수대교 붕괴 사건, 삼풍백화점 붕괴 사건, 대구지하철 가스 폭파 사건 등이 발생했을 때 우리는 이 사회의 도덕적 수준이 이미 위험 수위에 도달해 있음을 능히 짐작할 수 있었다. 한보 비리와 김현철 씨 사건이 발생했을 때 이 나라는 그 근저에서부터 무너져 내리고 있으며, 신속하고도 단호한 대책을 세우지 않으면 국가 공동체의 존립 자체가 위협을 받게 되리라는 것 또한 충분히 직감할 수 있었다.

그런데 그때 한국 교회와 설교자들은 그러한 대형 사고들의 이면에 숨어 있는 문제의 심각성을 얼마나 절실히 느꼈으며, 임박한 위험을 경고했던가? 당시 교계 지도자들 대부분은 한보 비리 같은 대형 사건이 교회나 기독교와는 별 관계가 없는 단순한 정치·경제적인 사건으로 받아들였던 듯하다. 그러나 그 때, 즉 97년 초에 이미 이 사회는 암환자에 비유하면 말기에 가까운 증세를 보이고 있었다. 그럼에도 불구하고 민족 공동체의 위기 앞에서 한국 교회는 별다른 위험을 인식하지 못했고, 그 위험에 상응하는 엄중하고 날카로운 경고를 발하지 못했다. 그 결과 이 사회는 책망과 경고를 들을 기회도 없이 IMF라는 국난을 맞이하게 되었다.

교회의 선지자적 사명

하나님은 교회에 선지자적 사명을 주셨다. 설교자들은 공동체의 '파수꾼'으로서 한 사회의 도덕적 타락과 윤리적 부패의 조짐을 누구보다도 빠르고 예민하게 감지해서, 그것이 필연적으로 초래할 위험—하나님의 심판—을 분명하고 단호하게 경고해야 한다. 부패한 사회를 향해 죄악으로부터 돌이켜 하나님의 엄위하신 심판을 피하라고 권고해야 한다.

하나님은 선지자들이 민족의 파수꾼으로서의 사명을 가진다고 말씀하신다. 에스겔서 33장을 보면 하나님은 선지자 에스겔에게 이렇게 말씀하신다.

"인자야, 너는 네 민족에게 고하여 이르라. 가령 내가 칼을 한 땅에 임하게 한다 하자. 그 땅 백성이 자기 중에 하나를 택하여 파수꾼을 삼은 그 사람이 칼이 그 땅에 임함을 보고 나팔을 불어 백성에게 경고하되 나팔 소리를 듣고도 경비를 하지 아니하므로 그 임하는 칼에 제함을 당하면 그 피가 자기의 머리로 돌아갈 것이라.… 그러나 파수꾼이 칼이 임함을 보고도 나팔을 불지 아니하여 백성에게 경고치 아니하므로 그 중에 한 사람이 그 임하는 칼에 제함을 당하면 그는 자기 죄악 중에서 제한 바 되려니와 그 죄를 내가 파수꾼의 손에서 찾으리라. 인자야, 내가 너로 이스라엘 족속의 파수꾼을 삼음이 이와 같으니라. 그런즉 너는 내 입의 말을 듣고 나를 대신하여 그들에게 경고할지어다"(겔 33:1-7)

여기서 주목할 부분은 선지자가 '민족에게' 가서 다가오는 위험을 '나팔을 불어 경고해야 한다'는 말씀이다(겔 33:3, 6, 7, 8, 9).

첫째로 선지자들, 즉 말씀의 설교자들은 파수꾼들이다. 본문 2절과 7절에서 하나님은 선지자를 분명히 파수꾼이라 칭하신다. 파수꾼은 다른 모든 사람들이 깊이 잠든 한밤중에도 자지 않고 높은 망루에 올라가 사방을 둘러보며 관찰한다. 혹시 적이 침공할 조짐은 없는지, 먼 곳의 봉화대에서 봉홧불이 올라오지는 않는지, 아니면 성 내에 화재나 사고가 발생하지 않았는지를 깨어 살핀다. 그러다가 위험의 조짐이 보이면 나팔을 크게 불어 사람들을 깨우고 그들로 하여금 위기에 대처하게 한다. 선지자들은 그런 식으로 공동체에 닥칠 수 있는 커다란 재앙을 미연에 방지해야 한다. 그러므로 파수꾼의 두 가지 핵심적 사명은 '관찰'과 '경고'이다.

설교자들의 사명이 바로 이 파수꾼의 사명과 동일하다. 설교자는 공동체가 심각한 도덕적 해이나 윤리적 하락의 조짐을 보이지는 않는지, 그로 인한 하나님의 심판이 닥쳐올 가능성은 없는지 예의 주시하다가 그러한 조짐이 조금이라도 관찰되면 즉시 다급하고도 커다란 소리로 그들에게 임한 위험을 경고하여 그들로 하여금 회개함으로써 심판의 비극을 면할 수 있게 해야 한다. 그리고 그 경고는 나팔 소리처럼 크고 분명해서 누구나 들을 수 있어야 한다. 또한 설교자는 경고의 메시지를 크고 힘있게 전하여 공동체의 모든 사람들이 위험에 대비하게 해야 한다.

둘째, 설교자들은 민족 전체를 위한 파수꾼들이다. 위의 본문에서 하나님은 에스겔에게 자기 '민족', '백성' 또는 '족속'에게 가라고 네 번이나 말씀하고 계신다(겔 33:2, 3, 6, 7). 설교자는 단지 어느 한 회중을 위해서만 존재하지 않는다. 때로 그들의 책임은 민족 공동체 전체까지 확산된다. 오늘날 한국의 설교자들은 너무 자기 교회에만 집착해 있다는 인상을 준다. 모든 관심이 자기 목회, 자기 교회 성장에만 쏠려 있다. 물론 목사가 맡은 양떼들에게 일차적으로 관심을 가지고, 그들을 돌보는 것은 당연한 일이다. 그러나 그것이 지나쳐서 모든 관심이 배타적으로 자기 교회에만 집중되면 개교회주의가 된다. 보편 교회에 대한 관심도 없고 보다 큰 사회인 민족과 국가 공동체의 상황에 대한 인식도 책임감도 없는 극단적 개교회주의는 성경적이지도 바람직한 태도도 아니다.

선지자들의 메시지 선포의 대상은 결코 특정 회중에만 국한되지 않았다. 예레미야는 "유다 모든 백성과 예루살렘 모든 거민에게" 하나님의 말씀을 대언했다(렘 25:2). 그는 나아가서 "열방 만국에"(렘 1:10) 하나님의 말씀을 대언했다. 그는 애굽, 블레셋, 모압, 암몬, 에돔, 두로, 시돈, 다메섹, 바벨론, 갈대아, 아라비아 등 당시의 전세계를 말씀의 권위로 "뽑고, 파괴하며, 파멸하며, 넘어뜨리며, 건설하며, 심는" 사명을 수행했다(렘 1:10). 이사야도 자기 민족 전체에게 하나님의 메시지를 전했다. 그는 "유다와 예루살렘에 대한 이상"을 보았고, "유다와 예루살렘에 대한 말씀"을 받았다(사 1:1, 2:1). 그도 열방들을 향해 하나님의 말씀을 전했다. 블레셋, 모압, 다메섹, 구스, 애굽, 두로 등을 쳐서 예언했던 것이다.

셋째, 설교자는 하나님의 '입의 말을 듣고' 하나님을 대신해서 경고해야 한다. 에스겔이나 이사야, 예레미야 등 구약 시대의 선지자들은 실제로 하나님의 메시지를 직접 듣고 그것을 백성들에게 전했다. 그렇다면 오늘날 설교자들은 어떻게 하나님의 입의 말을 들을 수 있는가? 물론 성경의 계시에 대한 묵상과 연구를 통해서 할 수 있다. 이 말은 어떤 상황이 발생하면 성경을 들여다보고 관련 구절을 찾는다는 의미보다는 이미 신학도 시절부터 오랫동안 공부하고 연구한 성경과 기독교의 진리에 비추어 당대에 발생하는 사건들을 분석한다는 의미이다. 설교자들은 하나님의 진리인 성경의 정신과 표준들에 근거해서 시대적 상황을 예의 주시하고 해석해야 한다. 그런 식으로 해석되고 평가된 진리가 하나님의 뜻에 부합된다는 확신이 있을 때 설교자는 민족을 향해 그것을 선포해야 한다. 그런 의미에서 설교자는 '한 손에 성경을, 그리고 다른 손에는 신문을' 들고 있어야 한다. 설교자가 선지자로서 사회의 파수꾼 역할을 감당하려면 성경의 진리에 능통해야 함은 물론, 사회에서 발생하는 중요한 문제들과 국가적 형편을 예리하게 관찰하고 있어야 한다. 오늘날 설교자들이 하나님의 '입의 말'을 신비한 음성이나 환상으로 보려는 어리석은 행위는 하지 않을 것이다. 이미 하나님이 우리에게 주신 완성된 계시가 우리 손에 있으므로 우리는 그 말씀에 비추어 시대를 판단해야 한다. 이런 의미에서 설교자는 일종의 문명비평가인 셈이다.

사회적 죄악의 지적

성경은 개인의 죄악뿐 아니라 공동체 전체의 죄악에 대해서도 말하고 있다. 그러므로 하나님의 말씀을 맡은 설교자들은 개인의 내면뿐 아니라 사회와 국가를 향해서도 하나님의 메시지를 전해야 한다. 선지자들은 개인적 죄뿐 아니라 사회적 죄도 지적했는데, 이사야서 1∼5장을 보면 선지자가 책망한 죄는 주로 사회적인 죄들이었다. 그는 부자들의 끝없는 탐욕을 지적했다. "가옥에 가옥을 연하며 전토에 전토를 더하여 빈틈이 없도록 하고 이 땅 가운데서 홀로 거하려 하는 그들은 화 있을진저"(사 5:8) 한국의 대기업들을 비롯한 부자들의 부동산 투기를 연상시키는 구절이다. 이사야는 또 뇌물을 받고 판결을 굽게 하는 재판관들의 불의를 비난했다. "악을 선하다 하며 선을 악하다 하며 흑암으로 광명을 삼으며 광명으로 흑암을 삼으며 쓴 것으로 단 것을 삼으며 단 것으로 쓴 것을 삼는 그들은 화있을진저"(사 5:20) 이사야 당시에도 뇌물로 인하여 악인을 의롭다 하고 무죄한 자에게 정의를 거부하는 자들(사 5:23)이 많았던 모양이다. 이사야는 또 당시 지배층들의 부패와 불의를 신랄하게 비난했다. 당시 관리들은 소위 조직 폭력배 등의 범죄 집단들과 결탁되어 있었다. 그들은 뇌물을 좋아했으며, 강자들에게 수탈당하는 약자들의 억울한 처지를 외면했다. "네 방백들은 패역하여 도적과 짝하며 다 뇌물을 사랑하며 사례물을 구하며 고아를 위하여 신원치 아니하며 과부의 송사를 수리치 아니하는도다"(사 1:23)

그리하여 이사야서에서 선지자는 사회 지도층들의 죄를 엄중히 지적한다. 선지자는 그들이야말로 국가를 망친 장본인들이라고 책망하면서 하나님의 심판을 선언한다. "여호와께서 그 백성의 장로들과 방백들을 국문하시되 포도원을 삼킨 자는 너희며 가난한 자에게서 탈취한 물건은 너희 집에 있도다. 어찌하여 너희가 내 백성을 짓밟으며 가난한 자의 얼굴에 맷돌질하느뇨?"(사 3:14-15) 당시 사회 지도층들은 가난하고 약한 백성들을 수탈해서 축재하고 있었다. 아모스도 같은 사실을 묘사했다. 그에 의하면 당시 힘있는 자들은 "신 한 켤레를 받고 궁핍한 자를 팔며"(암 2:6), "가난한 자의 머리에 있는 티끌을 탐내며 억눌린 자들에게 정

의를 거부하고 있었다"(암 2:7)

단지 권력자들만이 아니라 상인들, 소위 기업인들도 부정직하고 사기성이 농후한 방식으로 장사를 하고 있었다. 선지자들은 이들의 타락한 상도덕도 정죄했다. "네 은은 찌끼가 되었고 너의 포도주에는 물이 섞였도다"(사 1:22) 물을 섞고 불순물을 타서 양을 늘리는 이러한 기업 윤리는 현대 한국 사회에서도 생소하지 않은 수법이다. 이사야는 이러한 부도덕한 상술로 인해 유다와 예루살렘은 하나님의 심판을 받게 되리라고 경고했다.

국가 권력에 대한 견제자로서의 선지자

선지자들은 국가의 최고 권력을 향해 담대히 하나님의 말씀을 전했다. 그들은 하나님의 법도를 경홀히 여기는 왕들에게 엄중한 경고의 메시지를 전했다. 전쟁에 나서기 전에 사울이 사무엘 대신 제사를 지내는 월권 행위를 했을 때, 사무엘은 그를 책망하면서 사울 시대의 종언과 다윗 시대의 서막을 고했다. "지금은 왕의 나라가 길지 못할 것이라. 여호와께서 왕에게 명하신 바를 왕이 지키지 아니하였으므로 여호와께서 그 마음에 맞는 사람을 구하여 그 백성의 지도자를 삼으셨나이다"(삼상 13:14) 그 후 사울이 아말렉 왕 아각과 남녀 노소, 육축들을 진멸하라는 하나님의 명령에 불복하고 포로들과 전리품들을 마음대로 처리해 버렸을 때도 사무엘은 그에게 "왕이 여호와의 말씀을 버렸으므로 여호와께서도 왕을 버려 이스라엘 왕이 되지 못하게 하셨음이니이다"(삼상 15:26)라는 해직 통보를 전했다.

나단이 다윗의 죄를 비유로 지적한 것은 너무나 유명한 사건이다(삼하 12:1 이하). 왕 다윗이 시험에 들어 우리야의 아내를 취하고 그 남편을 최전선에 보내어 전사하게 하는 죄를 범했을 때, 선지자 나단은 하나님의 보내심을 받고 왕에게 찾아가서 가난한 농부의 양 비유를 들면서 "당신이 그 사람이라"고 정곡을 찔렀다(삼하 12:7). 이스라엘의 선지자 미가야도 아람과 전쟁을 일으키면 어떻게 되겠느냐고 묻는 아합왕에게 전사하게 될 것이라는 경고를 했다. 그처럼 왕의 비위를 상하게 하는 말을 한 때문에 미가야는 다시 투옥되어 고난을 겪었다(왕상 22, 대하 18).

선지자들은 용기있는 인물들이었다. 그들은 왕들의 불의에 대한 하나님의 심판을 직설적으로 선언했다. 엘리야가 그 대표적 인물이었다. 아합의 아내 이세벨이 음모를 꾸며 선량한 시민인 나봇을 죽이고 그의 포도원을 빼앗자, 엘리야는 아합을 찾아가 무서운 하나님의 심판의 메시지를 전했다. "네가 죽이고 또 빼앗았느냐?… 개들이 나봇의 피를 핥은 곳에서 네 피 곧 네 몸의 피도 핥으리라"(왕상 21:19) 아합은 그런 말을 하는 선지자 엘리야가 얼마나 미웠던지 "나의 대적이여! 네가 나를 찾았느냐?"(왕상 21:20)고 반응했다. 그러나 엘리야는 조금도 위축되지 않고 더욱 엄중히 하나님의 심판을 선언했다. "내가 찾았노라. 네가 스스로 팔려 여호와 보시기에 악을 행하였으므로 여호와의 말씀이 내가 재앙을 네게 내려 너를 쓸어버리되 네게 속한 남자는 다 멸할 것"(왕상 21:20-21)이라고 예언했던 것이다. 아합의 아내 이세벨에 대해서도 "개들이 이스르엘성 곁에서 이세벨을 먹을지라"(왕상 21:23)고 예언했다. 엘리야는 또 수년 간 이스라엘에 임한 가뭄과 그로 인한 기근의 원인이 바로 왕실의 죄임을 직선적으로 지적했다. 기근으로 고생하던 아합이 엘리야를 만나 "이스라엘을 괴롭게 하는 자여!"라고 부르자, 엘리야는 즉시 그것을 반박했다. "내가 이스라엘을 괴롭게 한 것이 아니라 당신과 당신의 아비의 집이 괴롭게 하였으니 이는 여호와의 명령을 버렸고 당신이 바알들을 좇았음이라"(왕상 18:18)

이사야는 히스기야왕에게 바벨론에 의한 약탈과 그의 자손들의 포로 될 것에 관한 메시지를 액면 그대로 전했다. "왕은 만군의 여호와의 말씀을 들으소서!"라고 하나님의 대언자로서의 권위를 가지고 왕에게 당당히 말했다. "보라 날이 이르리니 네 집에 있는 모든 소유와 네 열조가 오늘까지 쌓아 둔 것이 모두 바벨론으로 옮긴 바 되고 남을 것이 없으리라… 또 네게서 날 자손 중에서 몇이 사로잡혀 바벨론 왕궁의 환관이 되리라"(사 39:6, 7)

예레미야는 유다 왕 시드기야에게 바벨론에 대한 항복과 복종을 설교했다. "왕과 백성은 목으로 바벨론 왕의 멍에를 메고 그와 그 백성을 섬기소서. 그리하면 살리이다. 어찌하여 왕과 왕의 백성이 여호와께서 바벨론 왕을 섬기지 아니하는 나라에 대하여 하신 말씀같이 칼과 기근과 염병에 죽으려 하나이까"(렘 27:12-13) 침략국에 대한 항복과 복종을 설교한다는 것은 자칫 매국노 또는 반민족 행위자로 오해받을 수 있는 일이었다. 그럼에도 불구하고 선지자는 그것이 하나님의 말씀이기 때문에 가감 없이 전했다. 대중들에게 인기가 없는 메시지를 전하는 것은 용기와 믿음, 그리고 하나님에 대한 절대적 순종 없이는 불가능한 일이었다.

김영삼 정권 때 많은 설교자들이 청와대에서 주일 예배를 인도해 달라는 초청을 받고 대통령과 그 권속들 앞에서 하나님의 말씀을 전했다고 한다. 궁금한 것은 김영삼 씨의 실정으로 IMF 같은 국가적 재난이 임했을 때 과연 설교자들이 담대하고 날카롭게 하나님의 메시지를 전했을까 하는 것이다. 뼈 있는 설교를 했는데도 김영삼 씨가 영적으로 너무 둔감해져서 말씀을 깨닫지 못했는지, 아니면 혹시 그들이 권력에 주눅이 들어 그저 의례적인 설교나 대통령의 기분을 맞추는 설교를 하고 나온 것은 아닌지? 비록 아부성의 설교를 하지는 않았더라도 그저 그렇고 그런 설교, 들어도 그만 안 들어도 그만인 설교, 모두 지당한 말씀이지만 청중의 주의를 끄는 데는 실패한 설교를 하지는 않았는지 궁금하다.

사회의 꽁무니만 따라 가는 교회

외환 위기로 경제 난국이 도래했을 때 한국 교회가 취했던 태도는 다분히 '소 잃고 외양간 고치는' 격이었다. 사회의 위기와 파국을 미연에 방지하기 위한 선지자적 메시지를 선포하는 데 실패한 한국 교회는 재난이 임한 지금 신자들이 그것을 어떻게 극복할 것인가에 설교의 초점을 맞추었다. '검소하게 절제하는 생활을 해야 한다', '새벽 기도를 열심히 해야 한다', '혹은 고통 당하는 이웃과 아픔을 분담하자'는 등의 사후 수습적 캠페인을 하기 시작했다. 그나마도 그런 운동을 선도적으로 하는 경우는 드물다. 기껏해야 언론들이 이미 시작한 '장롱 속 금 모으기 운동'이나 뒤따라 하는 식이다. 지난 50년 간 한국 교회는 늘 사회의 뒤만 좇아가고 있다. 좋은 일이든 나쁜 일이든 그러했다. 선한 일에서 교회가 사회를 선도하는 모습은 찾아보기 어렵다. 역사 창조의 대열에서 낙오되고 문화 건설의 주도권을 상실한 교회의 모습은 초라하다. 물론 뒤치다꺼리라도 하는 것이 하지 않는 것보다 백 배 낫다. 선도를 못하면 수습이라도 해야 한다. 그러나 훨씬 더 귀한 것은 사회의 위기를 미리 감지하고 그것에 대해 경고하는 일이다.

맺음말

한국 교회는 선지자적 사명을 회복해야 한다. 설교자들은 사회의 파수꾼으로서 공동체의 도덕적 위기를 감지하고 그로 인한 하나님의 심판과 국가적 재난을 경고하는 역할을 수행해야 한다. 설교자들은 개교회에만 집중된 관심의 범위를 민족과 국가에까지 넓혀야 한다. 민족이 망하면 교회도 치명적인 타격을 받는다. 우리는 일제 36년의 경험에서 교훈을 얻어야 한다. 국가 없는 교회가 어떻게 정상적인 교회일 수 있겠는가? 망하거나 파국이 난 나라에서 교회가 얼마나 건강한 상태를 유지할 수 있겠는가?

한국 강단의 메시지는 개인적이고 내면적인 주제 일변도라는 인상이다. 거의 모든 설교가 개인의 위로 또는 개인적으로 하나님의 은혜를 체험하는 비결, 낙심하고 실패한 영혼들이 어떻게 하나님의 능력을 힘입어 재기할 수 있는가에 대한 내용들이다. 물론 이런 메시지는 필요하고 중요하다. 영혼과 은혜, 그리고 개인의 내면 세계에 대한 설교는 기독교의 가장 본질적인 내용들이므로 이 주제는 항상 설교되어야 하며 잘 전파되어야 한다. 그러나 설교자들은 하나님의 말씀을 균형 있게 취급해야 한다. 설교자들은 '하나님의 모든 경륜(the whole counsel of God)'을 전해야 한다. 성경은 개인적 주제뿐 아니라 사회적 문제도 다루고 있다. 즉 개인의 죄악뿐 아니라 공동체의 죄악도 지적하고 있다는 것이다. 그러므로 설교자는 사회적 상황에 대해서도 하나님의 말씀을 전해야 한다. 선지자들은 민족 공동체의 파수꾼으로서 선지자적 사명을 충성스럽게 수행한 것처럼 한국 설교자들은 스스로 선지 동산에서 훈련을 받은 선지자 전통의 후예임을 자부한다면 선배 선지자들을 본받아 이 사회의 파수꾼의 책임을 수행해야 한다.

3장 민족을 변화시키는 설교자

신민족개조론

최근 어느 유명한 칼럼니스트는 한 일간지에서 '국민성을 바꾸라' 고
대통령에게 주문했다. 그는 우리 민족의 국민성이 바뀌어야 하는 이유
로 몇 가지 사실을 제시했다. 우리 나라 사람들 중에는 유료 쓰레기 봉투
값을 아끼느라 쓰레기를 자기 집 앞 골목이나 큰길에 내버리는 이들이
있다. 공공 화장실에 두루마리 휴지를 걸어 놓으면 이용자들이 가져가
버리기 때문에 휴지가 남아나지 않는다. 심지어는 공원에 심어 놓은 예
쁜 꽃나무를 뽑아 가서 자기 집 마당에 심는 파렴치한 사람들도 있다. 이
런 비사회적이고 이기적인 국민들로서는 건전한 공동체나 시민 사회를
이루고 살아가는 것이 불가능하다. 오직 자신과 자기 가정만 생각할 뿐,
공동체 전체의 유익을 고려할 능력이 없는 민족은 미래를 기약할 수 없
으므로 국민성이 개조되어야 한다는 것이 요지였다. 이러한 주장에는
분명히 일리가 있다.

그 칼럼니스트는 또 한국 지도층들의 부패와 낮은 도덕 수준을 국민

성이 바뀌어야 하는 이유로 지적했다. 예를 들어 과거 어떤 국회 국방위 소속 의원들은 병역 미필인 자기 아들들을 유학 보내기 위해 병역 미필자가 해외에 나갈 수 없게 되어 있는 법률을 개정했다가, 그들이 모두 출국한 뒤에 그 법안을 폐기했다. 또 우리 사회에서는 아무리 많은 돈을 부정하게 삼킨 사람이라 할지라도 '큰집'에만 한번 갔다오면 평생 부자로 잘 살 수 있고, 심지어는 '큰집'에 다녀오지 않더라도 떵떵거리면서 살더라는 것이다. 이처럼 정치인, 경제인, 공무원, 언론인, 그리고 일반 국민들까지 부패해 있는 나라가 결국 IMF 같은 난국에 봉착하게 된 것은 너무나 당연한 귀결이므로 이 나라가 소망이 있으려면 대통령이 민족성을 개조해야 한다는 것이다.

국민성을 개조해야 한다는 주장은 우리 국민이 선천적으로 열악한 '유전 인자'를 가졌으므로 소위 '종자'를 개량하라는 말이 아니다. 그것은 국민들의 의식이 개혁되어야 하고, 의식 수준이 향상되어야 한다는 것을 강조한 말이다. 더 구체적으로 우리 국민들은 사회의 일원으로서 다른 사람들과 더불어 살아가는 시민 생활의 훈련이 필요하다는 주장이다. 그런 의미에서 민족성이 개조될 필요가 있다는 주장은 충분히 일리가 있다.

민족성이 바뀌어야 한다

칼럼니스트가 지적한 것들 외에도 우리 국민의 의식과 사고 및 행동 방식이 달라져야 하는 이유들은 많다. 6·25전쟁 때 우리 나라의 돈 있고, 힘 있는 집안 아들들은 거의 군대에 가지 않았다고 한다. 지도층 인사들의 자녀들이 군복무를 기피하는 것은 아직까지도 한국 사회에서 그대로 유지되고 있는 전통이다. 최근에 발표된 한 통계에 의하면 우리 나라

청년들의 평균 군복무율은 80퍼센트를 상회하고 있다. 그러나 재벌, 각료, 국회의원 자녀들의 군복무율은 그보다 수십 퍼센트가 낮다. 6 · 25전쟁 때나, 그 후 50년이 지난 지금이나 우리 지도층들의 의식 수준은 별로 달라지지 않았다.

필자가 미국에서 공부할 때 한 가지 충격적인 경험을 했었다. 예일대학에 가면 대학의 중앙부에 미국회의사당을 축소시킨 것처럼 생긴 울시홀(Woolsey Hall)이라는 멋진 건물이 있다. 그 앞을 지날 때마다 그것이 무슨 건물일까 늘 궁금했지만 공부하느라 들어가 볼 여유가 없었는데, 어느 날 모처럼 시간을 내어 그 건물 안으로 들어가 보았다. 돔식 지붕 아래의 둥근 중앙 로비 벽을 둘러보다가 우연히 벽에 작은 글씨들이 빽빽이 새겨져 있는 것을 발견했다. 자세히 들여다보니 미국이 참전한 여러 전쟁에서 전사한 예일대생들의 이름이었다. 그 건물은 국가와 자유민주주의를 지키기 위해 전쟁에 나갔다가 죽은 젊은이들의 넋을 기리기 위해 지어진 전당이었던 것이다. 제1차 세계대전, 제2차 세계대전 때에 수백 명의 예일대 학생들이 20대 초반의 꽃다운 나이에 목숨을 잃었던 것을 확인하면서 시선을 옮기던 필자는 그 다음 순간 깜짝 놀랐다. 제2차 세계대전 사망자의 마지막 이름 다음에 'Korea War'라는 제목이 시작되고, 그 아래 20~30명의 학생들 명단이 기록되어 있었기 때문이다. 그것은 참으로 믿어지지 않는 사실이었다. '아니 어찌 이럴 수가 있는가? 한국의 지도층들은 자기 나라 전쟁인데도 수단과 방법을 다 동원해서 자녀들을 빼돌려 참전의 위험을 피했다고 하는데, 이 미국 엘리트 청년들이 무엇 때문에 한국전쟁에까지 와서 목숨을 바쳤단 말인가? 예일대 학부생들이라면 대부분 부와 명예와 권력을 가진—한국식으로 말하자면 소위 힘 있는—집안 자녀들일텐데. … 이들의 부모들은 귀한 자기 자식들을 국가의 부름에 따라 알지도 못하는 동양의 작은 나라의 전쟁에 보냈구나!' 하는 생각 때문이었다.

그로부터 얼마 후 하버드대학을 방문할 기회가 있었을 때도 거기서 꼭 같은 것을 발견할 수 있었다. 하버드대학 캠퍼스 중앙에 있는 대학 교회의 로비 벽에도 여러 전쟁에 참가했다가 전사한 하버드생들의 명단이 새겨져 있었고, 그 중에는 한국전쟁에서 사망한 학생들 20여 명의 이름이 적혀 있었다. 미국이 세계에서 개인주의가 가장 발달한 나라라고 하지만, 일단 유사시에는 개인보다 국가를 우선시하는 것이 양식이 있는 미국인들 사이에 보편화된 전통인 것으로 보인다. 필자는 바로 이것이 미국과 한국의 중요한 차이라고 본다.

한국인의 민족성은 달라져야 한다. 이대로는 민족의 장래를 기약할 수 없다. 선거 때마다 노출되고 있는 지역 감정을 보라! 아무리 부패하고 전력에 문제가 많은 인물이라도 자기 지역 출신이라면 무조건 표를 주어 당선시키는 현상을 보라! 아무리 유능하고 자격이 있는 자라도 타지역 출신이거나 자기 지역을 대표하는 정당 후보가 아니면 외면하는 극단적 지역 감정을 생각해 보라! 이것은 경상도, 전라도, 충청도 가릴 것 없이 모두 마찬가지다. 이런 나라의 장래가 어떻게 밝을 수 있겠는가? 자신의 감정과 원한을 표출하기 위해서는 국가의 장래가 어떻게 되든 개의치 않는 비이성적 태도의 결과 한국 정치가 어떻게 되어 있는가? 정권 교체 직후마다 예외 없이 터져 나오는 전직 고위 공직자들의 비리 보도를 보면 '국가 지도자들이 이렇게 부패해 있는 나라가 어떻게 소망이 있을 수 있겠는가' 라는 통탄이 절로 흘러나온다. 신문과 텔레비전 보도를 관심 있게 접하는 사람이라면 누구나 이 민족의 의식이 개혁되어야 할 필요성을 강하게 느끼지 않을 수 없다.

우리의 의식과 국민성이 변화되지 않는 한 이 민족에게는 소망이 없다. 언제라도 제2, 제3의 IMF가 닥쳐올 수 있으며, 심지어 그보다 더 큰 일이 일어날 수 있다. 그렇다면 누가 이 민족성을 바꿀 수 있는가? 설교자가 그렇게 해야 한다. 설교자가 하나님의 말씀을 제대로 선포할 때 민족은 변할 수 있다. 한국 교회 수만 명의 설교자들이 살아 있고 깨어 있다면 아무리 무지몽매한 민족이라도 달라질 수 있다. 설교자들이 하나님의 말씀을 제대로 전파하고 가르친다면 아무리 미개한 민족도 계몽될 수 있다.

설교자가 민족성을 개조해야 한다

교회사에는 설교자들이 국민성을 바꾸고 새롭게 형성한 경우들이 가끔 있었다. 『종교개혁사』를 저술한 루이스 스피츠에 의하면 "진정한 의미에서 서양 역사와 서양인들의 성격 형성에 결정적인 영향을 미친 사람은 칼빈"이다.[1] 칼빈의 신학 사상과 설교가 현대 구미인들의 특성을 결정지었다는 것이다. 좁게는 제네바가 칼빈에 의해 변화되었다. 설교자들이 민족성을 결정한 또 하나의 예는 뉴잉글랜드 청교도들이다. 미국 청교도 목사들은 미국이 독립하기 전, 다섯 세대에 걸친 설교를 통해 뉴잉글랜드인들의 의식을 형성했고, 미국 정신의 초석을 놓았다. 예일대의 미국 교회사 교수인 해리 스타우트(Harry Stout)는 자신의 역저인 『New England Soul』에서 청교도 설교자들이 어떻게 초기 미국인들의 의식과 정신 세계, 나아가서는 사회의 문화와 관행을 설교를 통해 형성했었는지를 보여 주었다.

스타우트 교수에 의하면 17, 8세기의 뉴잉글랜드 목사들의 설교는 그 사회적 영향력이 너무나 강력해서 백성들의 가치관과 공동체의 목표를

---

1) Lewis W. Spitz, The Reformation, 서영일 역『종교개혁사』(기독교문서선교회, 1993), 197.

형성하는 데 결정적 영향을 미쳤다. 그 영향력은 현대의 텔레비전의 영향력이 무색할 정도였다. 17세기 뉴잉글랜드의 건설자들은 '말씀의 백성'을 이루는 일에 착수했다. 그들은 설교의 범위를 '삶의 모든 의미 심장한 국면들―종교적 측면뿐 아니라 사회적, 정치적 측면―에까지 확대'함으로써 그 목적을 달성했다.[2]

이처럼 과거의 어떤 설교자들은 설교를 통해 한 민족의 성격과 역사를 형성할 수 있었다. 그러나 현대에 와서는 인간의 정신과 의식의 형성에 영향을 주는 요소들이 많이 늘어났다. 17, 8세기와는 달리 지금은 신문, 방송, 잡지, 학교 등 인간에게 정보를 제공하는 수단들이 범람하고 있다. 그럼에도 불구하고 인간의 영혼과 정신에 지속적이고 강력한 영향력을 행사하기에 설교만큼 유리한 위치에 있는 것은 없다. 왜냐하면 첫째, 설교는 가장 오랫동안 규칙적으로 메시지를 전하는 수단이기 때문이다. 학교 교육은 길어야 대개 한 인간의 20대 초반에 그 역할을 끝내는 반면, 설교는 한 사람의 그리스도인이 죽을 때까지 듣게 된다. 또 언론의 영향이 강력하다 하지만, 그것은 간헐적이며 단편적이다. 그러나 그리스도인들은 적어도 일주일에 한 번 이상씩 설교를 듣게 된다. 둘째, 다른 매체를 접할 때 사람들이 설교를 듣는만큼 준비되고 집중된 마음, 그리고 경외하는 태도로 임하는 경우는 드물다. 텔레비전이나 신문, 혹은 잡지를 보는 사람들은 부담 없고 긴장을 푼 자세로 그것들을 대하게 된다. 셋째로 설교는 청중들이 인정하는 권위 때문에 가장 위대한 교

---

2) Harry S. Stout, New England Soul: Preaching and Religious Culture in Colonial New England (Oxford University Press, 1986), 3~10. 미국 독립 전의 150년 식민지 기간 동안, 인구 증가에 따라 대부분의 마을에 교회가 설립되어 미국 혁명이 일어날 때에는 뉴잉글랜드에 720개의 회중 교회가 있게 되었다. 일요일에 두 번, 그리고 주중에 한 번 뉴잉글랜드의 모든 목사들은 한 번에 한 시간 내지 두 시간 걸리는 설교를 했다. 뉴잉글랜드에서 교회를 다닌 사람들은 평생에 걸쳐 7,000번, 즉 15,000시간에 달하는 설교를 듣게 되었다.

육의 기회가 된다. 적어도 그리스도인들은 강단에서 울려 나오는 설교를 하나님의 말씀으로 여긴다. 그러므로 충실한 내용의 설교가 강단에서 효과적으로 선포되기만 한다면 인간 영혼에 미치는 영향력은 엄청나다. 매 주일 30분 이상씩 강단으로부터 전파되고 가르쳐지는 하나님의 말씀은 사람의 정신에 위대한 영향을 미칠 수 있다. 설교자 외에 누가 인간의 마음에 그처럼 커다란 영향력을 행사할 수 있는 수단을 가지고 있단 말인가?

성경은 분명히 인간 개조의 길을 제시하고 있다. "누구든지 그리스도 안에 있으면 새로운 피조물이라. 이전 것은 지나갔으니 보라 새것이 되었도다"(고후 5:17) 그렇다! 그리스도 예수 안에 있으면 우리는 새로운 피조물로 인정받을 뿐 아니라 실제로 새로운 피조물이 된다. 모든 신자들은 선언적 또는 법정적 의미에서 이미 새로운 피조물이다. 그리고 그들이 그리스도 안에 계속적으로 거하면 실제 새로워진 피조물로 성화된다. 지상에서는 아무도 결코 완전한 단계에 도달할 수 없지만 점진적 변화는 일어나고 있다. 누가 이러한 변화를 일으키는가? 물론 성령이시다. 하나님의 영이 신자 안에 내주하심으로 신자는 조금씩 변화되어 간다. 그러나 성령님은 진공 속에서 일하시지 않는다. 그는 도구를 사용하신다. 그 도구는 한편으로는 말씀이요, 다른 한편으로는 설교자다. 말씀을 가르치고 전하는 설교자들을 통해 성령님은 인간을 바꾸어 가신다. 그러므로 민족을 개조하는 일은 설교자들이 감당해야 한다. 설교자가 하나님의 말씀을 제대로 가르치고 전파할 때 먼저 신자들이 변화된다. 그리고 변화된 신자들은 민족을 변화시키는 영향력을 행사하게 된다. 결국 지상에서 민족 개조의 출발점은 설교자의 메시지가 되는 셈이다.

그러나 혹자는 여기서 한가지 의문을 제기할 것이다. 한국에는 수만 개(아마도 약 5만 개)의 교회들이 있고, 또 수만 명의 설교자들이 있다.

그 많은 설교자들이 주일마다 설교를 하고 있는데 왜 한국인들의 국민성은 변화되지 않는가? 한국처럼 설교가 자주 행해지는 나라는 아무 데도 없다. 그리고 그처럼 많은 설교가 행해진 지 이미 2, 30년은 족히 되었다. 그런데 왜 한국인들의 의식 수준은 아직도 이처럼 개탄스러운 상태에 있는가?

설교 내용에 문제가 있다

그것은 설교 내용에 문제가 있기 때문이다. 이 말은 한국의 설교자들이 이단 교리를 전한다거나 잘못된 가르침을 주고 있다는 뜻이 아니라 설교의 내용이 균형을 잃고 있다는 것이다. 한국 교회 설교자들의 설교는 주로 복음의 일부만을 강조하기 때문에 복음의 전모를 드러내지 못하는 경향이 있다. 설교자들이 주로 다루는 내용은 하나님의 복, 선하심, 사랑, 능력과 같은 소위 은혜의 측면들이다. 반면 한국 강단에서는 하나님의 율례와 법도, 계명과 같은 소위 율법의 측면들이 소홀히 취급되고 있다. 그러나 복음은 은혜만이 아니라 율법으로도 이루어진다. 그럼에도 불구하고 한국 강단은 은혜만을 강조하고 윤리는 간과하고 있다.

하나님의 말씀은 크게 두 부분으로 이루어진다. 하나는 하나님이 우리를 위해 무엇을 하셨는가 하는 부분이며, 다른 하나는 그러한 은혜를 받은 우리가 어떠한 삶을 살아야 할 것인가 하는 부분이다. 한국 교회의 설교는 대체로 전자만을 강조하는 경향이 있다. 하나님이 우리를 위해 어떤 은혜를 베푸셨으며, 또 앞으로 어떠한 복을 베푸실 수 있는가 하는 측면에만 초점을 맞춘다. 물론 그러한 설교는 대중들에게 인기가 있다. 인간은 누구나 대가없이 받는 것, 즉 공짜를 좋아하기 때문이다. 반면 구원받은 신자가 그 은혜에 보답하여 하나님을 위해 어떻게 살아가는 것

이 하나님의 자녀로서 합당한 삶인가 하는 말씀은 인기가 없다. 의무에
대한 말씀은 부담스럽기 때문이다. 그러나 성경은 은혜와 율법의 말씀
양자를 모두 포함하고 있다. 로마서, 에베소서, 골로새서 등에서 전형적
으로 나타나는 것처럼 성경 전반부는 은혜의 교리를, 후반부는 윤리의
교훈을 담고 있다. 그러므로 설교자는 양자 모두를 가르치고 전해야 한
다. '하나님의 모든 경륜(the whole counsel of God)' 을 선포해야 한다.

의(義)의 말씀을 설교하자

이제 한국 교회는 '의(義) 말씀' 을 전해야 한다. 신자들을 젖으로만
먹이지 말고 의의 단단한 식물을 먹이는 데까지 나아가야 한다. 히브리
서 기자는 젖, 즉 하나님 말씀의 초보만 먹고 있는 신자는 어린아이라고
말한다(히 5:12-14). 어린아이들은 단단한 식물에 익숙하지 않다. 그러나
성숙한 어른들은 단단한 식물, 즉 의에 관한 교훈으로 훈련되었기 때문
에 선과 악을 분변한다. 한국 교회는 교인들에게 젖만 먹이는 경향이 있
다. 값없는 은혜의 교리와 이적을 행하시는 하나님의 능력에 대해서만
전하고 실제로 신자들이 복음에 합당한 삶을 살도록 노력해야 한다는
점을 강조하는 데는 소홀하다는 것이다.

한국 강단에서 가장 흔한 설교의 종류는 소위 위로와 격려에 대한 것
이다. 사람들은 가끔 이렇게 말한다. "한 주간 내내 세상에서 지쳐 주일
날 교회에 오는 사람들에게 어떻게 부담되는 설교를 할 수 있는가? 그들
에게는 위로가 필요하다." 물론 누구에게나 때로 위로가 필요하다. 특히
회개하는 죄인들에게는 하나님의 자비로우신 용서와 위로의 메시지가
필요하다. 그러나 한국 강단의 문제는 때로 책망이 필요한 경우조차 위
로만 하고 있다는 것이다. 예를 들면 양주를 수입해서 판매하는 그리스

도인이 IMF 한파로 매상이 격감되어 풀이 죽어 있다 하자. 이때 진정한 설교자가 그에게 주어야 할 메시지가 무엇인가? "조금만 참고 기다립시다. 곧 경기가 풀리면 사업이 나아질 겁니다. 하나님이 경기를 회복시켜 주실 것입니다. 그러니 믿음으로 기도합시다."라고 말하는 소위 위로와 격려인가, 아니면 양주 수입상이란 그리스도인으로 합당한 직업이 아님을 지적하고 그것을 떠나야 한다는 권고인가?

　김현철 씨의 국정 농단으로 나라가 떠들썩하고 한보 부도, 기아 부도, IMF의 연쇄적 위기 사태로 치닫고 있을 때의 이야기다. 초청을 받아 청와대 주일 예배를 인도했던 유명 목사들 중에는 자기가 대통령에게 "두려워 말라 내가 너와 함께 함이니라 놀라지 말라 나는 네 하나님이 됨이니라 내가 너를 굳세게 하리라 참으로 너를 도와주리라"(사 41:10)는 이사야서의 위로를 전했다고 나중에 자랑한 분이 있다고 한다. 그 당시에 대통령에게 가장 필요했던 선지자적 메시지가 과연 이런 개인적 위로의 내용이었을까?

　위로는 아무에게나 줄 성질의 것이 아니다. 참된 위로는 율법의 말씀에 의해 죄책감으로 고통 당하고 있는 자들에게 필요하다. '상하고 통회하는' 심령으로 "형제여 내가 어찌할꼬?"라고 울부짖는 자에게라야 위로와 사죄의 선언이 합당하다. 죄의식으로 고통 당하지도 않고 있는 자들에게 위로와 사죄를 선언하는 것은 돼지에게 진주를 던지는 격이다. "병든 자에게라야 의원이 필요하고 건강한 자에게는 쓸데없다." 한국 교회는 지금까지 위로의 설교를 남용한 경향이 없는가?

　설교자들은 교인들의 죄를 책망할 수 있어야 한다. 하나님은 이사야 선지자를 통해 설교자들이 죄를 날카롭고 분명하게 지적해야 한다고 말씀하신다. "크게 외치라. 아끼지 말라. 네 목소리를 나팔같이 날려 내 백성에게 그 허물을, 야곱 집에 그 죄를 고하라"(사 58:1). 성령께서는 "죄와 의와 심판에 대해" 세상을 책망하러 오셨다(요 16:8). 성령님이 일을 하시는 방법은 자기의 사역자인 설교자들의 입을 통해서이다.

그러므로 한국 교회의 설교자들이여, 이 민족에게 하나님의 '의(義)의 말씀'을 설교하자! 무엇이 의(義)이며 무엇이 불의(不義)인지를 교인들에게 분명히 가르치자! 그리하여 우리 교인들이 '선악(善惡)을 분별'하는 성숙한 신자들이 되게 하자. 당장 듣기에 달콤한 설교, 소위 은혜스러운 설교만 하지 말자. 설교자는 인기를 위해 존재하는 자들이 아니며, 또 세상적 기준의 성공을 위해 부름 받지도 않았다. 우리가 받은 소명은 단지 하나님의 말씀에 신실하라는 것뿐이다.

현대 교회가 죄에 대한 설교를 하지 않는 이유

현대 설교자들이 죄에 대해 설교하기를 꺼리는 이유는 무엇인가? 그것은 죄에 대한 설교를 사람들이 좋아하지 않기 때문이다. 그래서 현대의 설교자들은 죄, 특히 사회적 죄에 관한 설교 대신 사랑, 은혜, 용서에 대해서만 설교한다. 죄로 인해 아파하지도 않는 사람들을 위로하는 것이 복음의 설교자로서 합당한 일인가? 찢기도 전에 싸매 주는 것이 옳은 일인가? 그렇지 않다. 죄로 인해 고통하지도 않는 사람들에게 치유를 전하는 것은 무의미하다. 설교자들은 싸매기 전에 먼저 찢어야 한다. 용서를 선포하기 이전에 죄를 날카롭게 지적해야 한다.

찰스 피니는『아무도 구원치 못하는 설교 방법 여덟 가지』에서 설교자들이 가장 주의해야 하는 것이 인기 위주의 설교임을 역설하고 있다.[3]

---

3) Charles G. Finney, *Principles of Victory*, Compiled & Edited by L. G. Parkharst. Jr (Bethany House Publishers), 13.

1. 당신의 지상의 동기가 구원보다는 인기가 되게 하라.

2. 하나님을 기쁘시게 하기보다는 교인들을 즐겁게 하고 좋은 평을 듣기 위해 연구하라.

3. 대중을 끄는 인기 있고 선정적인 주제를 택하고, 구원의 본질적 교리들은 피하라.

4. 죄를 추상적으로 비난하고 당신의 교인들 사이에 만연된 죄들은 가볍게 넘어가라.

5. 덕의 사랑스러움과 천국의 영광에 대해서만 설교하고 죄의 죄됨에 대해서는 설교하지 말라.

6. 결석한 자의 죄들만 책망하고 출석한 자들은 자기 자신들에 대해 만족하게 해서 그들이 설교를 즐기고 절대 감정이 상한 채로 돌아가지 않게 하라.

7. 세상적인 교인들에게 하나님은 너무 선하시기 때문에 설사 지옥이 있다 더라도 아무도 지옥에 보내시지는 않을 것이라는 인상을 주라.

8. 하나님의 우주적 아버지되심과 인간의 형제됨을 설교해서 그들에게 어떤 중생도 필요치 않음을 보여 주라.

하나님의 선하심, 덕의 아름다움, 천국의 영광 등은 분명히 성경적인 주제들이며 설교해야만 하는 주제들이다. 그러나 그러한 것들에 대해서만 설교하고 교인들의 구체적 죄악과 그에 대한 하나님의 심판을 설교하지 않는다면, 그것이 이단은 아니지만 다른 의미에서 이단보다 더 위험한 것이 될 수 있다. 오늘날 한국 교회의 소위 인기 있는 강단들 중에 이처럼 인기 위주의 설교만 함으로써 교회 성장을 구가한 경우는 없는가?

진정한 설교가 항상 모든 이에게 인기 있는 것은 아니다. 순수한 하나님의 말씀을 전하면 대중적 인기가 줄어들 수도 있다. 많은 사람들이 등을 돌리고 떠날지도 모른다. 예수께서 설교하셨을 때도 그러한 일이 있었다. 그의 설교를 들은 사람들 가운데 많은 이들이 말씀이 이해되지 않는다는 반응을 보이며 예수를 떠나갔다. "제자 중에 많이 물러가고 다시 그와 함께 다니지 아니하더라"(요 6:66) 하나님의 순수한 말씀을 그대로 전하면 때로 교회 성장에 손해를 볼지도 모른다. 그러나 교회의 양적 성장이 항상 최고의 가치는 아니다. 복음을 "혼잡하게" 하지 않고(고후 4:2) 순수하게 전하는 것은 교회 성장보다 선행하는 가치이다.

하나님의 사람들이 항상 대중들에게 인기가 있었던 것은 아니다. 바울도 설교를 하면 거부하고 비난하고 공격하는 사람들이 있었다. 그래서 그는 복음이 어떤 이들에게는 "생명으로 좇아 생명에 이르는 냄새"가 되지만 다른 이들에게는 "사망으로 좇아 사망에 이르는 냄새"가 된다고 말했다(고후 2:16). 베드로가 설교할 때 어떤 이들은 듣고 마음에 찔려 "형제들아, 우리가 어찌할고?"(행 2:37)라고 회개하는 반응을 보였지만, 스데반의 설교를 들은 사람들은 "마음에 찔려 저를 향하여 이를 갈며 달려들었다"(행 7:54~57). 그들은 진정한 말씀의 설교자들을 '이런 놈은 살려 둘 수 없다'고 돌로 쳤다. 심지어 예수께서 하나님의 나라를 전파하실 때도 반응은 둘로 나뉘어졌다. 마음이 가난한 자들에게는 그것이 복음이 되었지만 기득권층, 즉 서기관과 바리새인과 대제사장들은 그를 죽일 궁리를 했다.

그러므로 오늘날 설교자들이 모든 사람들에게 좋은 평판을 듣고 모든 이에게 인기를 얻으려는 것은 자기가 그리스도보다 더 현명한 자라고 자처하는 주제넘은 일이다. 우리의 선생은 진리를 말하므로 핍박을 받았는데 우리는 진리를 말하고도 아무런 박해를 받지 않을 수 있다고 착각하는 것은 어리석은 교만이다. 독일의 속담이 이런 진리를 잘 반영한다. "모든 사람의 친구는 아무의 친구도 아니다(Jemandes Freund ist niemandes Freund)".

거짓선지자들과 낙관적 설교

구약 시대 거짓선지자들의 설교의 특징은 낙관주의였다. 그들은 입만 열면 "평안하다! 평안하다!"라고 외쳤다. 이들은 사람들이 듣기 좋아하는 부드러운 설교만 전했다. 그들은 항상 성공과 번영의 복음을 전하면서 하나님의 바른 메시지를 전하는 참선지자들과 대립하고 그들을 핍박했다. 거짓선지자들은 대세를 이용하거나 혹은 실세인 권력자의 총애를 등에 업고 죄와 심판에 관한 경고를 발하는 참선지자들을 궁지에 몰아넣었다. 아합 시대의 참선지자 미가야는 거짓선지자 시드기야(왕상 22:11, 23, 24)의 거짓 예언으로 인해 고통을 당했다. 아합왕이 어용 선지자들 수백 명에게 자기가 전쟁을 일으키면 어떻게 될 것인가를 묻자, 그들은 이구동성으로 아합과 여호사밧왕에게 "올라가소서 틀림없이 전쟁에 이길 것입니다!"라고 낙관적인 대답을 하였다. 그러나 미가야는 권력자의 비위를 맞추어 주는 대신 전쟁을 일으키면 전사하게 될 것이라고 경고했다. 거짓선지자들의 낙관주의적 예언을 받아들이고, 미가야를 투옥시켰던 아합왕은 전쟁에서 비참하게 죽게 된다. 어용 선지자들이 하나님의 계시라고 전했던 긍정적 메시지들은 다 사기극이었음이 증명되었다.

예레미야도 거짓선지자 하나냐(렘 28:1, 10, 17)의 인기성 예언으로 인해 궁지에 몰렸었다. 하나님은 예레미야를 통해 유대인들이 바벨론에게 항복하고 그 통치에 복종하라는 메시지를 전하셨다. 예레미야는 포로 기간이 70년이 될 것이며, 그 기간 동안은 겸손히 바벨론 왕의 멍에를 메고 그를 섬기면서 살아야 한다고 설교했다. 그 징표로 예레미야는 나무로 만든 멍에를 메고 다녔다. 타국에 항복하라는 예레미야의 설교는 얼핏 매국적이고 반민족적인 메시지로 들릴 수 있었다. 실제 그 때문에 예레미야는 이적죄 또는 반국가사범으로 몰리기도 했다.

한편 예레미야와 동시대 선지자였던 하나냐는 예레미야와 정반대되는 낙관적인 메시지를 전했다. 그는 이미 포로로 사로잡혀 바벨론에 잡혀 있는 동포들이 '2년 이내에 해방되어 고국에 돌아오게 될 것'이라고 백성들과 관원들에게 설교했다. 이런 내용의 메시지는 당시 유대인이라면 누구나 듣고 싶어하던 메시지였다. 하나냐는 자신의 메시지가 하나님의 말씀임을 강조하기 위해 예레미야의 목에 있는 멍에를 취하여 꺾어버리면서, 하나님이 2년 내에 열방의 목에서 바벨론 왕의 멍에를 이처럼 꺾으실 것이라고 장담했다. 하나냐의 그처럼 어처구니없는 행동을 보고 있던 예레미야는 "아멘, 여호와는 이같이 하옵소서!"라고 화답했다. 그러나 그는 하나냐의 메시지가 거짓 예언이라고 지적했다. 그리고 그가 나무 멍에를 꺾었기 때문에 대신 쇠 멍에를 메게 될 것이라고 예언했다. 예레미야는 하나냐가 하나님의 말씀이 아닌 것을 하나님의 말씀이라고 거짓 예언을 했기 때문에 그 해에 죽게 될 것이라고 선언했으며, 과연 하나냐는 그 해에 죽었다(렘 27~28장).

거짓선지자들은 늘 축복과 위로의 설교만 하고 책망이나 죄에 대한 지적이 없었다. 인간성의 부패와 타락을 생각할 때 책망이 필요 없는 시대나 교회는 있을 수 없다. 그래서 바울도 디모데에게 격려와 함께 책망과 훈계의 설교를 잊지 말라고 강조했다. "너는 말씀을 전파하라 때를 얻든지 못 얻든지 항상 힘쓰라 범사에 오래 참음과 가르침으로 경책하며 경계하며 권하라(correct, rebuke and encourage; NIV 딤후 4:2)"고 명했다.

맺음말

설교자들은 하나님의 말씀을 균형 있게 전해야 한다. 예수께서 주신 '위대한 사명[The Great Commission—이 말이 한국 교회에서는 '지상명령(Supreme Commandment)' 이라는 말로 잘못 번역되어 사용되고 있으나, 정확한 번역은 '위대한 사명' 이다—필자 주]'에 나오는 것처럼 설교자들은 교인들로 하여금 그리스도께서 우리에게 '분부한 모든 것을 가르쳐 지키게' 해야 한다. 청중이 듣기 좋아한다고 해서 복음의 어느 한 부분만을 전하지 말고, 교리와 윤리, 은혜와 율법, 하나님의 권능과 인간의 책임, 양자를 모두 가르쳐야 한다.

미성숙한 교인들이 좋아하는 부드러운 메시지만을 전하면 단기적으로는 교회 성장에 도움이 될지 모르나 장기적으로는 모든 영혼들에게 해가 될 것이다. 그런 메시지는 덩치만 크고 무기력한 허풍선 같은 신자들을 양산하게 된다. "반쪽 진리는 때로 비진리보다 더 위험하다"(Half truth is more dangerous than no truth). 율법주의(legalism)가 이단이라면 반율법주의, 혹은 율법폐기론(antinomianism)도 이단이다. 복음의 한 면만을 강조하는 설교는 복음을 변질시킴으로 자칫 '다른 복음'을 낳을 수 있다.

한국 설교자들이 하나님의 은혜뿐 아니라 '의(義)'에 대해서도 충실히 설교할 때 비로소 민족이 변화될 수 있다. 설교자들이 설교를 통해 신자들에게 의(義)와 불의(不義)에 대한 날카로운 감각을 불러일으킬 때 신자들의 의식이 개혁되어지며, 신자들이 사회 속에서 행사하는 영향력을 통해 이 민족이 변화될 것이다. 그 길만이 이 민족의 국민성을 변화시키며, 부패하고 미성숙한 의식 수준에서 이 민족을 건지는 길이다. 그 길만이 이 민족의 장래에 소망을 주는 길이다.

　필자가 서두에서 언급한 그 칼럼리스트는 오늘 한국 사회에서는 '교회 목사들'까지 부패했기 때문에 대통령이 국민성을 바꾸어야 한다고 주장했다. 그러나 대통령은 그 일을 할 수 없다. 정치인들도, 기업인들도, 언론도 그 일을 할 수 없다. 현재와 같은 상태에서는 교육계에도 그 일을 기대하기 어렵다. 한국의 교육계는 개혁의 주체라기보다는 오히려 객체에 더 가깝기 때문이다. 인간의 의식과 가치관을 바꾸는 것은 근본적으로 그리고 최우선적으로 하나님 말씀을 맡은 설교자들에게 맡겨진 사명이다. 만일 그 칼럼니스트의 지적처럼 목사들이 부패했다면 회개해야 할 것이다. 민족성을 변화시키고 사람들의 의식을 개혁하는 일은 설교자들에게 맡겨진 사명이요, 그들의 특권이다. 영광된 이 직분의 담당자인 설교자들이 하나님의 진리의 전모(the whole counsel of God)를 가감 없이 그리고 타협 없이 신실하게 전할 때, 비로소 민족은 개조되고 국민성은 변화될 것이다.

4장 민족지도자들을 길러내는 교회

지도자의 빈곤

IMF 사태의 원인을 거슬러 올라가 보면 결국 이 나라의 파탄은 지도자들이 야기한 것임을 발견하게 된다. 정경 유착은 국가의 최고 지도자를 비롯한 정치인들과 재벌들의 합작품이고, 외환 위기는 재경원과 한국은행의 고위 관료들의 무책임과 무능이 원인이라는 말이다. 한마디로 정계, 재계, 관계, 금융계의 지도자들이 나라를 이 지경으로 몰고 온 것이다. 생각해 보면 이 나라의 지도층의 부패와 무능이 국민들의 냉소와 경멸의 대상이 된 것은 어제 오늘의 일이 아니다. 그것은 박정희 대통령 집권 후반부인 60년대 말부터 시작되어 전두환, 노태우 군사 정권들을 지나 김영삼 대통령에 이르기까지 이미 30년이나 된 일이다.

우리 나라에는 왜 이토록 훌륭하고 존경스러운 지도자가 없었는가? 어느 집단이나 조직을 막론하고 그 단체가 제대로 되려면 훌륭한 리더가 있어야 하는데, 왜 이 나라 지도자들의 자질은 이처럼 빈약한가? 그리고 지금까지는 이 나라가 좋은 지도자를 양성하는데 실패했기 때문에 당장은 훌륭한 지도자를 찾기 어렵다면 어떻게 해야 장래에 훌륭한 지도자를 배출하는 사회가 될 수 있는가?

문제는 지능이 아니다

우리 나라 지도층들의 자질이 떨어진다고 할 때 그것은 그들의 머리가 나쁘다는 말은 아니다. 혹자는 IMF 경제 위기가 도래한 원인을 대통령의 무능함으로 돌리면서, 지도자의 머리가 나빠서 이런 불행이 닥쳤다고 판단하나, 그렇지는 않다. 김영삼 정부의 실패의 결정적 원인은 김현철 씨 및 한보 비리와 관련된 도덕성의 문제이지 두뇌나 능력의 문제가 아니다. 한보 비리가 터지기 전까지 김영삼 씨의 집권 3, 4년 동안 그의 머리가 명석하지 못해서 이 나라에 특별한 문제가 생긴 것은 별로 없다. 오히려 그가 정치적 위기의 순간에 국면을 타개하기 위해 생각해 내는 아이디어들을 보면 김영삼 씨도 남들에게 결코 뒤지지 않는다는 것을 발견할 수 있다. 사실 한 인간이나 국가가 머리가 나빠서 파멸하는 경우는 드물다.

지구상에는 많은 후진국들이 있다. 그러나 후진국이기 때문에 그 국민들의 평균적 지능이 나쁘다거나, 그 백성들 중에 머리가 비상한 사람들이 없다고 생각하면 큰 오산이다. 인도, 필리핀, 베트남 같은 나라들은 비교적 수준이 낮은 후진국들이지만 머리 좋은 사람들이 적은 것은 결코 아니다. 미국이나 선진국에 가 보면 경제학이나 물리학 등의 가장 명석한 머리를 필요로 하는 학문의 박사 과정에는 아시아의 후진국 출신들이 많다. 그리고 미국에서 활약하고 있는 세계적 과학자들 중에도 아시아의 후진국 출신들이 많이 있다. 그처럼 그 나라들에도 머리가 명석한 사람들이 많고, 그 민족의 지능이 선천적으로 타민족에게 뒤떨어지는 것은 아님에도 불구하고, 그 나라들은 국가로서는 너무나 한심한 역사를 전개해 가고 있다. 머리 좋은 사람들이 많다고 해서 그것이 한 민족의 공동체를 건설하는 능력을 보장하는 것이 결코 아니라는 것을 보여주는 좋은 예이다. 하나님은 지능이라는 자연적 은사를 모든 민족에게 공평하게 부여하셨다. 그래서 소위 후진국의 보통 사람들도 머리 쓰는 것을 보면 때로 영악하기 이를 데 없다. 특히 그들이 나쁜 짓을 하는 데 머리 쓰는 것을 보면 후진국들의 문제는 결코 지능의 우둔함에 있지 않다는 결론을 내리게 된다.

　우리 나라 사람들도 세계 어느 나라 사람 못지 않게 머리가 좋다. 우리는 수십 년 전부터 외국에 유학 간 우리 나라 학생들이 외국 대학들에서 탁월한 성적을 거두고 교수들의 인정을 받았다는 소식을 자주 들어 왔다. 또 미국의 세계적인 과학 연구소에 한국인 누구누구가 있다는 소식을 종종 접하면서 우리 민족의 우수한 두뇌에 자부심을 느끼며 으쓱해지곤 했다. 외국까지 갈 것도 없이 국내에도 머리 좋은 사람들이 얼마나 많은가? 해마다 쏟아지는 수능 평가 시험의 전국 수석, 예비고사 수석, 서울대 전체 수석, 사법고시 수석, 행정고시 수석을 차지하는 수십, 수백 명은 전세계 어디에 내어놓아도 머리는 손색이 없는 사람들이다. 꼭 수석이 아니더라도 서울대 법대 같은 최고의 어려운 학과에 들어간 수백 명의 학생들은 모두 하나같이 천재적인 머리의 소유자들이다. 우리 나라에 이런 수석들과 수재들이 배출된 지 이미 오십 년 가까운 세월이 흘렀다. 그러므로 해마다 우수한 두뇌가 확실히 증명된 사람들만 모아도 이 사회에 수천, 수만 명은 족히 될 것이다. 그리고 이들 중 상당수는 학력과 우수한 머리 덕분에 우리 사회의 지도층을 이루게 되었다. 재경원이나 한국은행도 예외가 아니어서 고위 관료들은 대부분 고시 패스 경험을 가진 엘리트들일 것이다. 그럼에도 불구하고 이 나라는 IMF 사태로 사실상의 '모라토리움' 상태까지 갔다. 우리 나라에서 가장 머리가 좋은 사람들이 나라를 파국으로 몰고 갔다는 것이다. 하지만 나라가 망하는 것은 지도층의 머리 때문은 아니다.

문제는 지식의 부족도 아니다

그러면 무엇인가? 우리 나라 지도자의 자질이 떨어진다는 것은 그들이 본래 머리는 좋지만 전문적인 공부를 하지 않아서 경제학적 지식이 부족하다는 말인가? 전혀 그렇지 않아 보인다. 우리 나라만큼 경제학이 인기 있고 경제학 박사가 많은 나라는 거의 없다. 한국 모든 대학의 경제학과는 그 대학에서 가장 커트라인이 높은 학과들에 속한다. 미국이나 유럽의 유수한 대학들의 박사 과정의 학생 분포를 보면 다른 학과들에는 한국인들이 거의 없거나 기껏해야 한두 명 있는데 반해 경제학과에는 일이십 명은 족히 몰려 있다. 외국 대학들의 박사 과정에 재학중인 한국인들 전체 수의 반 이상은 경제학과에 몰려 있다. 그뿐 아니다. 옥스퍼드나 케임브리지대학을 비롯한 해외 명문 대학들에 혹시 한국인 교수들이 한두 사람 있다면 틀림없이 경제학과 교수들이다. 미국 초일류대에서 경제학 박사 학위를 받고도 국내 대학에 자리를 잡지 못한 사람들이 부지기수라는 말은 이미 진부한 말이다.

경제만이 아니라 정치도 마찬가지다. 정치학자나 정치학 박사가 없어 우리 나라 정치가 이 모양이겠는가? 아니다. 경제학 박사와 함께 우리 나라에 가장 흔한 박사가 정치학 박사라는 것도 주지의 사실이다. 한 마디로 우리 나라 지도층의 문제는 지식의 부족도 아니다.

도덕성의 빈곤

그러면 이 나라 지도층의 자질이 부실하다고 할 때 그것은 무엇을 의미하는가? 첫째는 도덕성의 빈곤이다. 한국 지도층들의 문제는 다른 무엇보다도 도덕적 부패다. 이번 망국적 위기의 근본 원인으로 지적되는 정경 유착도 그 본질은 부도덕이다. 기업들로부터 천문학적 액수의 정치 자금을 받는 것은 정치인들의 부도덕이다. 그 돈으로 유권자들을 매수하는 데 사용함으로써 국민들을 오염시키고 타락시키는, 소위 금권 선거를 행하는 것도 부도덕이다. 뇌물을 바친 대가로 권력으로부터 기업 운영상의 특혜를 기대하는 재벌들의 문제도 핵심은 부도덕이다. 권력자들은 때로 은근한 협박으로 기업의 돈을 우려내겠지만 그것이 전적으로 협박만은 아니다. 세상에 공짜가 어디 있는가? 기업이 정치인들에게 비자금을 제공하면 반드시 그들로부터 특혜 금융을 비롯한 각종 혜택과 반대 급부를 받게 되어 있다. 정작 은행에 돈을 예금한 국민들은 단돈 몇백만 원을 융자받기도 어려울 때, 재벌들은 부실한 기업을 운영하기 위해 수천 억, 수 조씩의 돈을 마구 빌린다. 그리고 그 돈으로 부동산 투기를 해서 일이 년만 기다리면 열 배 이상의 돈을 벌게 되고 그 중 일부는 다시 사례금으로 권력층들의 금고로 들어가게 된다. 이것이 부도덕이 아닌가? 부동산 값이 오르면 서민들은 집을 장만하기가 더 어려워진다. 그러므로 권력가와 재벌의 더러운 거래인 이 정경 유착의 부도덕은 망국의 주범이다.

나라의 최고 권력층이 이처럼 부패할 때 그 밑의 관료들이 깨끗할 리 없다. 이 나라 공직 사회가 얼마나 부패한가는 김영삼 정부 출범 직후의 사정에 의해 폭로되었던 실상에 의해서도 충분히 드러났지만, 얼마 전 한 시민이 언론에 폭로했던 바 "이 나라에서는 공무원들에게 뇌물을 주지 않고서는 도저히 사업을 할 수가 없다."는 절규만 듣더라도 우리 나라 공무원들의 부패상을 족히 짐작하고도 남는다. 어떤 경제학자는 우리 나라 대형 공공 사업의 투자율이 35퍼센트이고 그 중 10퍼센트가 뇌물이라면, 뇌물을 위해 GNP의 3.5퍼센트만큼 저축을 더 해야 한다고 지적한다. 지난해 우리 나라의 경상 수지 적자가 GNP의 3퍼센트 정도인 140억 달러이므로 뇌물로 인한 거품 투자가 없었더라면 경상 수지가 균형을 이룰 수도 있었을 것이다. 지난 30여 년 간 누적된 부패가 1,100억 달러의 외채를 낳았고, 그것은 대부분 부패 공직자와 부패 기업인의 사유 재산으로 둔갑했다는 통계가 정확하다면 이 나라의 붕괴가 더 일찍 시작되지 않은 것이 오히려 이상할 정도다.

공인 정신이 없는 지도자들

도덕성과 함께 지도자의 자질 가운데 가장 필수적인 것은 공인 정신(public spirit)이다. 공인 정신, 혹은 공공 정신이란 자신의 이익보다 공동체 전체의 유익을 먼저 생각하는 정신이다. 우리 나라 지도자들에게 가장 결핍되어 있는 자질 가운데 하나가 바로 이 공인 의식이다. 개인적으로 머리는 좋고 유능하지만 공동체 의식이 없고 이기적이며, 민족과 사회를 생각하는 훈련이 되어 있지 않은 지도자들은 결코 이 나라를 제대로 세울 수 없다. 이런 지도자들은 평시에 자기를 위해 많은 달러와 금을 저축해 두었다가 유사시에는 즉시 그 돈을 가지고 해외로 도피할 것이다. 베트남이 멸망할 때 바로 그러했다.

우리 나라는 해방 후 수십 년 간 지도자로서의 소양을 갖춘 인물들을 배출하는 데 실패했다. 그리하여 공인 정신이 부족한 소인배들이 지도적인 위치의 대부분을 차지하고 있는 것으로 보인다. 국가 전체의 장래

를 걱정하기보다 오직 자기 보신과 출세만 생각하는 사람들이 지도층의
자리를 차지하고 있었기 때문에 이 나라는 부도 직전까지 몰리게 되었
다. 국가 존망의 위기에 자기 이익에 대한 고려 때문에 진실을 밝히지 못
하고 상관의 눈치만 보는 비겁하고 비굴한 사람들이 고위 공직에 있으
면, 나라는 망할 수밖에 없다.

  정치인들은 국가의 가장 중요한 지도자들이다. 그런데 민족 공동체의
유익보다 자신의 정치적 야망 달성에 더 우선적 가치를 부여하여 당리
당략을 일삼고 매사에 정략적으로 움직이는 사람들이 정치 지도자가 되
면 나라는 망한다. 김영삼 전대통령은 중요한 순간에 자주 명분과 원칙
보다 정략에 의해 움직인다는 인상을 주었다. 즉 김영삼 정권이 처참히
실패한 이유 가운데 하나는 통치 철학과 신념은 지극히 빈약했던 반면,
너무나 정략적이고 임기응변적으로 행동했기 때문이었다.

  무정견하고 무책임한 자들, 신념과 원칙이 없는 자들, 고상한 이념과
비전이 없는 자들, 공공의 유익을 위해 한번 봉사하겠다는 순수한 소원
이 없는 자들이 지도층에 앉으면 그 조직이나 나라는 틀림없이 망한다.
지난 수십 년 간 이 나라의 지도적 위치에 앉아 있던 사람들은 대부분
이런 체질의 사람들이었다. 그렇지 않다면 이번과 같은 사태는 일어날
수 없다.

국민 교육의 문제

  그러면 우리 나라의 지도층 중에서 머리는 좋고 자기 앞날을 개척하
는 데는 유능하나 공인 의식이 없는 사람들이 많은 이유는 무엇인가? 그
것은 우리의 국민 교육과 관계가 있다고 본다. 우리 나라의 교육에는 전
체적으로 철학이나 이념이 없다. 우리 나라의 교육이 길러 내는 인간 유

형은 단지 머리가 좋고 자기 길을 닦는 데 악착같은 인간이다. 우리 나라 학교들 중에 사회와 공동체 전체를 생각하고 그것을 위해 봉사하는 사람이 되라는 것을 강조하거나, 민족의 미래를 위해 헌신하는 지도자다운 정신을 함양시키는 학교는 찾아보기 극히 힘들다. 그렇기 때문에 우리 나라의 엘리트란 기껏해야 열심히 공부해서 자기 성적이나 잘 관리하고 일류 대학에 가서 고시에 합격하여 일신상의 영달을 누리는 사람들이 대부분이다. 이렇게 이기적 훈련으로 무장된 소위 '지도자들'은 자기가 출세하면 인생의 목적이 완수된 것으로 여긴다. 이러한 지도자들이 군림하는 나라가 제대로 될 리 없다. 한국의 교육 철학과 풍토가 근본적으로 개혁되지 않는 한 이 점에 있어 어떤 변화도 기대할 수 없다.

교회가 지도자를 배출하지 못하는 것은 비정상이다

어떤 의미에서 교회의 아들과 딸들 가운데 이 사회의 지도적 인물들이 배출되는 것은 지극히 정상적이고 당연한 일이다. 교회 교육이 제대로 이루어진다면 그 교회에서 백성들의 지도자가 나올 수밖에 없다. 그 이유는 잠깐만 생각해보면 분명해진다. 교회가 제공하는 교육이 어떤 것인가? 교회에서 가르치는 것들은 한 인간이 훌륭한 개인이 되기 위해서 뿐 아니라 지도자로서의 조건을 갖추기 위해 가장 긴요한 것들이다. 교회는 사랑과 자비, 정직과 정의, 성실과 근면, 절제와 극기를 가르친다. 기독교의 최대 계명인 "네 이웃을 네 몸과 같이 사랑하라"는 말씀은 지도자의 필수 덕목인 공인 정신으로 직결된다. 하나님 앞에서 개인적 죄에 대한 회개와 자백의 오랜 훈련은 이후에 그를 사회의 모든 불의와 부조리에 대한 개혁 정신으로 충만하게 한다. 오늘날 우리는 영어, 수학, 국어 등의 학과 성적에 따라 한 인간을 평가하는 교육 풍토 속에 살고 있지만, 사실 좋은 설교를 듣고 생각하는 훈련은 다른 어떤 교육보다 더 좋은 사고와 논리의 훈련이다. 삼위 일체니 예정론이니 하는 기독교 교리를 배우고 그것에 대해 토론하는 것은 인간의 지성적, 철학적 능력을 개발하기에 적합한 과정이다. 그러므로 한 인간이 어릴 때부터 교회에 규칙적으로 다니면서 양질의 설교를 듣고 좋은 교육을 제공하기만 한다면 인성과 능력 면에서 겸비된 훌륭한 인재들이 틀림없이 교회에서 배출될 것이다. 그것은 일종의 필연적 귀결이다. 그것은 근세 이후 설교와 교리 문답의 교육을 강조한 교회가 있는 나라들이 세계의 지도적 국가들로 부상한 것에 의해서 증명된다.

그런데 한국 교회는 왜 국가적, 민족적 지도자들을 충분히 공급하지 못했는가? 여러 가지 이유가 있을 것이다. 문화 자체가 아직도 이교적이기 때문에 인간을 평가하는 기준이 비기독교적이고 왜곡되어 있다(단지 학과 성적만으로 인간을 평가하는 교육 현실이 그 대표적이다). 그러므로 외적인 이유도 있다. 그러나 교회도 책임을 느끼고 자성의 시간을 가져야 한다. 마땅히 국가와 사회 각 분야의 지도자들을 배출해야 할 곳에서 왜 그렇게 하지 못하고 사회가 이교도들에 의해 좌지우지되게 하고 있는가? 가끔 지도적 위치에 오른 신자들이 있다고 해도 왜 대개의 경우 그들은 허울뿐인 명목상의 신자들인가 하는 것에 대해 심각한 반성이 필요하다. 교회 교육이 너무 부실하지 않았던가? 교회가 민족 지도자들과 사회 각 분야를 주도할 인재를 양성하지 못하고 있는 이유는 적어도 부분적으로는 설교나 주일학교 등의 교회 교육이 빈약하기 때문일 것이다.

교회가 민족의 지도자들을 배출해야 한다

이런 현실을 감안하고 한국의 미래를 생각할 때 한국 교회가 감당해야 하는 중요한 사명 가운데 하나는 민족과 국가의 건전한 지도자를 양성하여 공급하는 일이다. 하나님과 그의 나라를 위해, 민족과 사회를 위해 봉사할 모세 같은 훌륭한 지도자를 길러 배출하는 것이 한국 교회가 민족을 위해 할 수 있는 가장 귀한 기여들 가운데 하나다. 세속 교육과 학교들이 만들어 낸 이기적 엘리트가 아니라, 공공 정신과 공인 의식으로 무장된 인재들을 교회가 배출해야 한다. 이 일을 위해 한국 교회는 자라나는 청소년들에게 기독교 교육을 강화해야 한다. 교회의 아들들과 딸들에게 정직과 정의, 공평의 기독교적 정신과 윤리의식을 불어넣어 주어야 한다. 그리고 기독교 정신으로 양육된 하나님의 자녀들을 사회와 정치의 지도자로 배출해야 한다.

교회가 이 일을 감당하지 못하면 우리 사회의 어느 단체도 그 일을 할 수 없다. 그리고 교회가 민족의 지도자를 배출하지 않으면 이 민족에게는 소망이 없다. 교회 외에 어디서 정직하고 정의로우며 공공 정신이 잘 훈련된 유능한 지도자가 나오겠는가? 입시 학원 수준으로 전락한 일선 학교들에서는 기대할 수 없다. 서울대학교에서도 기대할 수 없다. 유학을 가서 박사 학위를 받은 사람들에게서도 기대할 수 없다. 그런 사람들은 부지기수였고 지금도 수없이 많다. 그러나 그들 가운데서는 좋은 민족의 지도자들이 배출되지 않았다. 신문 광고를 통해 다 알려진 일이지만 모 기업인이 사재를 털어 민족 정신을 가진 지도자를 기르겠다고 민족사관고등학교라는 엘리트 양성 중등학교를 설립했었다. 유감스럽게도 최근 그 기업이 경영난으로 어려움에 처해 학교의 존속 가능성에 대한 염려가 대두되고 있지만, 그 학교의 성공 여부와 관계없이 한국 교회와 그리스도인들은 그러한 시도를 볼 때 도전을 받아야 한다. 일개 기업인이 민족의 지도자를 양성하려는 비전을 가지고 전 재산을 투자하여 엘리트를 양성하려는 노력을 기울이고 있을 때, 수백만 이상의 성도를 가진 한국 교회는 도대체 무엇을 하고 있는가? 민족과 국가의 장래를 생각하고 존경할 만한 지도자의 기근을 절감하면서 교회가 해야 할 일이 무엇인가를 생각하고 있는가? 그리스도인 청소년들을 민족의 지도자로 양성하기 위한 양질의 교육 기관 설립을 꿈이라도 꾸어 본 적이 있는가?

맺음말

한국 교회는 지금부터라도 교회에서 자라는 청소년들에게 '기독교적 혼'이 담긴 교육을 제공해야 한다. 정직성과 정의감, 공평과 공공 의식이 없는 신앙은 거의 무의미한 신앙임을 가르쳐야 한다. 신자들에게 하나님 나라에 대한 균형 잡힌 이해를 일깨워야 한다. 하나님 나라는 내세의 하늘 나라만이 아니요, 이 땅에서 하나님의 뜻이 이루어지고 하나님의 주권이 실현되는 곳이기도 하다는 사실을 가르쳐야 한다. 그리고 하나님 나라가 이 땅에서도 이루어지게 하기 위해 최선의 노력을 경주할 책임이 그리스도인들에게 있음을 말해야 한다. 이러한 교회 교육을 제대로 수행하지 못하는 교회는 민족과 역사 앞에서의 책임을 제대로 수행하지 못하는 교회이다. 그런 교회는 아무리 많더라도 민족을 도탄으로부터 구해 내지 못한다. 기껏해야 이미 다 망해 버린 나라에서 서민들 손가락에 끼워진 한두 돈짜리 금반지를 빼내어 기부하게 하는 지엽적이고 무기력한 일밖에 할 수 없게 된다. 그나마 앞장서지 못하고 이미 일을 시작한 사회 단체들의 꽁무니를 좇아 흉내나 내는 진부함을 면치 못할 것이다. 물론 그러한 일도 의미가 없는 일은 아니지만, 만유의 주 하나님의 백성들로서 교회는 그 수준 이상의 일을 해야 할 책임이 있다. 국가와 민족이 파산지경에 이르지 않게 예방해야 할 책임이 교회에 있다. 그 중 가장 효과적인 방법은 국가와 민족을 지도할 유능하고 정직한 그리고 경건한 지도자를 양성하여 배출하는 것이다.

　교회가 민족 지도자의 산실이 된다는 말은 단지 교회 고등부 학생들 중에서 일류대에 합격하는 학생들을 많이 배출한다는 말이 아니다. 지금까지도 기독교인으로 일류대 합격자들은 많았다. 그러나 민족의 역사에 중요한 긍정적 영향을 미친 사람들이 얼마나 배출되었는가? 지난 50년간 교회 출신으로 이 사회의 각 부분에서 리더십을 발휘한 사람들이 얼마나 있는가? 단지 공부 잘하고, 교회 잘 다니고, 일류대에 가기만 하면 민족의 지도자가 되는 것은 아니다. 기본적으로 능력도 있어야겠지만 국가와 민족의 지도자가 되기 위해서는 교회의 청소년들이 공공 정신과 정의감이 있어야 한다. 뿐만 아니라 그들은 민족 공동체를 통해 구현되는 하나님 나라에 대한 비전이 있어야 한다. 이 일을 위해서는 교회의 기독교 교육이 지금보다 질적으로 훨씬 더 강화되고 그 수준이 향상되어야 한다. 그렇게 될 때 조국과 민족 앞에 하나님 나라를 바로 세워 가는 공공 정신과 정의감을 가진 경건한 지도자들이 많이 배출될 것이다.

제2부
한국 신학교육의 개혁

1장 신학생 전도사 제도의 폐지

　　한국 교회에는 다른 나라에서는 유래를 찾아 볼 수 없을 뿐 아니라 성경적으로도 근거를 발견하기 어려운 한 가지 제도가 있다. 소위 신학생 전도사 제도라는 것이다. 신학교를 졸업한 전도사들(일명 강도사)이나 여전도사들과 구분하기 위해 흔히 교육 전도사라 불리는 이 직분은 신학대학원생들이나 심지어 신학대생들에게 교역자로서의 지위를 부여하고 교회의 한두 교육 부서를 책임지우는 제도이다. 신학생 전도사 직분은 원칙적으로 일 년마다 재임용하게 되어 있는 임시직이어서 헌법상 공인된 항존직은 아니다. 그러나 현실적으로는 이 직분이 아주 광범위하게 활용되어 시골의 아주 작은 교회들 경우에는 주말마다 학교에서 내려가는 신학생들이 사실상 목회를 하는 경우들도 있다. 도시 교회들의 경우 신학생 전도사들은 학생 예배 인도뿐 아니라 때로 삼일 저녁 예배나 새벽 기도에서 설교를 맡기도 하고, 성인 목회의 일부인 구역 예배 인도 및 교구의 심방까지 맡는 경우도 있다. 요즈음에는 신학생 전도사들의 위상이 더 하락했는지 여러 교회들이 신학생 전도사들에게 교회 차량 운전 책임까지 부과하고 있다고 한다.

21세기를 불과 2년 앞둔 지금, 신학생 전도사 제도는 한국 교회의 장래를 위해 폐지되어야 한다. 이 제도가 한국 교회에 득보다 훨씬 더 많은 손실을 초래하고 있기 때문이다. 신학생 전도사 제도로 인한 문제점은 일반인들이 상상하는 수준을 훨씬 초월한다. 필자가 확신하는 바는 한국 교회의 장래를 어둡게 만드는 가장 중요한 요인들 가운데 하나가 바로 이 신학생 전도사 제도라는 사실이다.

1. 문제점들

신학생 전도사 제도는 여러 가지 문제점을 안고 있다. 첫째, 그 제도 때문에 신학교육이 중대한 차질을 빚고 있다. 둘째, 신학대학원 과정을 부실하게 마치고 목회 현장으로 배출된 목사들이 목회 현장에서 커다란 어려움을 겪고 있다. 셋째, 아직 사역 준비가 제대로 되지 않았을 뿐 아니라 대개 1~2년, 기껏해야 3년 정도 있다가 다른 곳으로 이동하는 신학생들이 교회의 자녀들에게 책임 있고 충실한 교회 교육을 수행하는 것은 현실적으로 거의 불가능하다. 넷째, 신학생들이 학생 시절부터 파트 타임 사역의 대가로 사례를 받는 일에 익숙해지면 직업적 성향에 일찍 물들게 될 위험이 있다.

1) 신학대학원 교육의 차질

신학교육의 부실화

신학생 전도사 제도가 야기하는 가장 큰 문제는 신학대학원 교육이 커다란 지장을 받고 있다는 것이다. 신학대학원생들의 목회 준비는 주로 경건과 신학의 두 가지 훈련 영역으로 이루어진다. 좋은 목사가 되기 위해 신학생들은 신학대학원 3년의 세월동안 성경을 깊이 묵상하고 기도로써 하나님과 개인적으로 만나는 많은 시간을 가져야 한다. 사도 바울은 소명을 확인한 후 홀로 아라비아의 고요한 사막으로 가서 3년 간 하나님과 깊은 만남의 시간들을 가졌다. 그러나 현재와 같이 신학생들이 교회 일에 깊이 연루된 상황에서는 차분히 자신의 영성을 개발할 시간적, 정신적 여유를 가지는 것이 불가능하다. 무엇보다도 신학생들은 신학대학원에 있는 3년 동안 심도 있고 집중적인 학문적 훈련을 받아야 한다. 이것은 그들이 21세기의 정신적 지도자가 되기 위해 필요한 준비이다. 그럼에도 불구하고 대부분의 신학대학원생들이 교회 사역에 많은 시간을 할애하느라 정작 중요한 신학 훈련에는 전념하지 못하고 있다.

한국 신학대학원생들의 실정

신학대학원생들은 3년 동안 대개 40과목, 100학점 내외의 학점을 이수한다. 신학생들은 한 학기에 6~9개의 과목을 매주 15~20시간 수강하여 과제를 제출하고 시험을 치러내야 한다. 다른 일은 다 접어 두고 공부에만 전념한다고 하더라도 그것은 감당하기에 벅찬 분량이다.

대부분의 한국 신학생들은 교회 사역에 깊이 연루되어 있다. 어떤 신학대학원 1학년 학생은 수업 시간에 강의를 듣지 않고 주일 저녁에 자기가 해야 할 설교 준비를 했다고 고백한다. 일반 대학을 졸업하고 신학교에 온 지 얼마 되지 않았는데, 갑자기 성인들 예배에서 설교하라는 담임목사의 명령을 받은 후로는 부담이 되어 강의도 귀에 들어오지 않아 어쩔 수 없이 수업 시간에 설교 준비를 하고 있었다는 것이다. 이것은 많은 예들 가운데 작은 것에 불과하다. 필자는 졸업을 며칠 앞둔 신학대학원 3학년 학생들 10여 명에게 "자네는 신학대학원 3년 동안 학교 공부와 교회 사역 중에 어느 정도의 비율로 관심을 할애했는가?"라고 물어 본 적이 있다. 놀랍게도 10명 중 9명이 6:4의 비율로 교회 봉사에 더 많은 신경을 썼다고 대답했다. 단 한 사람만이 공부와 교회 봉사에 5:5의 비율로 신경을 썼다는 것이다. 이것은 어느 특정한 교단과 신학교에만 국한된 현상이 아니다.

외국의 어느 나라에서도 신학생들이 한국에서처럼 본격적 교역자가 된 것처럼 교회 일을 많이 하는 경우는 없다. 미국의 경우 신학생들은 교회에서 단지 '신학생(seminarian)'이라 불리고 교역자로 간주하는 사람은 아무도 없다. 드물게 이들이 주일학교 성경 공부를 인도하는 분반 공부 교사로 채용되기는 하지만, 그들에게 주어지는 사례는 시간 단위로 계산되고 한 시간당 10불이 안 된다. 신학생들이 설교를 하거나 예배를 인도한다는 것은 작은 교회의 목사들이 휴가를 떠난 여름 같은 극히 예외적인 때를 제외하고는 상상하기 어려운 일이다. 신학생은 어디까지나 학생이므로 졸업할 때까지는 철저히 자기 훈련과 공부에 전념하게 한다. 그렇게 3년 동안 자기 훈련에만 집중한다고 해도 M. Div. 3년 동안 이수해야 하는 과목이 워낙 많기 때문에 그들에게는 시간이 부족하다. 그래서 재학 중에 결혼하는 신학생들은 아예 남들보다 일 년 늦게 졸업할 각오를 해야 한다.

그에 비해 우리 나라 신학생들은 어떠한가? 결혼해서 가정을 이루고 남편과 아버지로서의 의무를 감당하고, 교회에서 전도사로 여러 가지 책임을 맡고, 학교에서는 한 학기에 예닐곱 과목을 이수하면서도 어떻게든 3년만에 신학대학원을 졸업하려 한다. 대부분의 한국 신학생들은 어떻게든 하루 빨리 목사가 되기를 바란다. 그것이 얼마나 중한 책임을 수반하는 일인지, 자기가 그런 어려운 일을 잘 감당할 준비가 되었는지에 대해서는 깊이 생각하지 않는다.

외국의 목사 후보생 과정에 비교할 때, 우리 나라의 과정은 엄밀하게 말해서 채 2년이 안 된다고 할 수 있다. 우리 나라의 신학대학원들은 대개 화요일부터 금요일 오전까지만 수업을 한다. 월요일 하루와 금요일 오후는 멀리 지방 교회에서 봉사하는 학생들이 학교와 교회 사이를 이동하는 시간으로 떼어 두어야 하기 때문이다. 토요일에 학생들은 주일의 교회 봉사 준비를 위해 주로 교회에서 지내거나 아니면 집에서 주일 준비를 하고, 주일이 되면 새벽부터 밤늦게까지 정신없이 교회 일에 쫓긴다. 그러다가 월요일에는 진이 빠져 아무 일도 제대로 할 수 없기 때문에 쉬어야 한다. 그나마 학교와 가까운 곳에 사는 신학생들은 월요일에 좀 쉴 수라도 있지만, 학교와 멀리 떨어진 지방의 교회에서 봉사하는 학생들은 쉬지도 못하고 다시 짐을 꾸려 학교로 향해야 한다. 교회가 있는 지역에서 학교까지의 거리가 먼 경우에는 편도 8~9시간이 걸리기도 한다. 또 어떤 신학대학원생들은 수요일에는 오전에만 강의가 있다. 오후에는 어린이 예배를 인도하러 교회로 가야 하기 때문에 학교에서 아예 공식적으로 시간표 상의 배려를 해주는 것이다. 이렇게 볼 때, 신학생들이 종일 학교에 머무는 날은 한 주에 화요일과 목요일 단 이틀뿐이다. 그러나 학교에서 먼 지역의 교회에서 봉사하는 신학생들은 화요일이 되어도 학교 공부에 정신이 잘 집중되지 않는다. 왜냐하면 금요일 오후부터 월요일까지 사나흘 동안 완전히 교회 일에 마음을 빼앗기고 나면 화요일에 학교 수업이 시작되어도 관심이 즉시 공부로 전환되지 않기 때문이다. 정신이 공부에 집중되기 위해서는 화요일 하루 정도의 시간이 지나야 되는 학생들도 많다.

외국 신학대학원생들의 생활은 어떠한가? 나라마다 조금씩 차이가 있겠지만 미국의 경우 모든 신학대학원들은 월요일 아침부터 금요일 오후까지 학교가 정상적으로 가동된다. 대부분의 학생들이 기숙사에서 생활하거나 최소한 학교가 있는 도시에 거주하고 있기 때문에 한국 신학생들처럼 매주 이틀씩 자기 교회와 가정이 있는 먼 거리를 오가느라 길에서 시간을 허비하지도 않는다. 따라서 한국 신학생들과 달리 그들은 월요일과 토요일도 공부나 독서, 혹은 성경 묵상과 기도 등의 훈련을 위해 자유롭게 사용할 수 있다.

이렇게 볼 때, 우리 나라 신학대학원생들의 공부 시간은 외국 신학대학원생들에 비해 턱없이 부족하다. 현재 한국의 많은 목사들이 목사 재교육 과정을 찾고 있다. 목회학 박사 과정에 많은 목사들이 관심을 가지는 것은 물론이요, 온갖 종류의 세미나에 수많은 목사들이 몰려들고 있다. 재충전의 필요성을 느끼기 때문이다. 물론 신학대학원 시절에 충실히 공부했던 목사들이라 하더라도 몇 년의 세월이 흐르면 재충전의 필요를 느낄 수 있겠지만, 한국에서 이러한 현상이 유독 심한 것은 상당 부분 신학대학원 3년의 과정이 너무 부실했던 데 기인한다. 그러나 간헐적으로 가끔 참석하는 세미나가 신학대학원에서의 부실했던 공부와 훈련을 얼마나 보상해 줄 수 있겠는가?

2) 신학생들의 직업주의화 위험

공부보다 교회 일에 더 많은 신경을 쓰고 있는 신학생들

많은 신학생들이 장래의 사역을 위한 지적, 영적, 인격적 준비보다 현재 자기가 섬기는 교회의 사역과 교회에서의 인간 관계에 더 많은 신경을 쓰고 있다. 일부 학생들을 제외한 대부분의 경우 자기가 '전도사'로 일하고 있는 교회에서 받는 사례로 자신과 가족을 위한 생활비(최저 생계비에도 미치지 않는 적은 돈이기는 하지만), 그리고 학비의 전부 혹은 일부를 충당하고 있기 때문이다. 학교 공부는 어떻게 적당히 꾸려 갈 수 있다. 왜냐하면 모든 학생들이 전도사로 교회 일을 하는 형편에서는 학업 성취도가 전반적으로 하향 조정될 수밖에 없기 때문이다. 하지만 교회에서 담임 목사나 지도급 평신도들의 눈에 거슬렸다가는 당장 생계와 학업 전부가 위협을 받게 된다고 느낀다. 교회에서 '쫓겨나게' 되면 당장 모든 것이 끝났다는 불안감이 그들로 하여금 교회 일에 신경을 곤두세우도록 만든다.

교회 일을 제대로 할 수 있는 것도 아니다

많은 신학생들이 교회 일 때문에 공부를 제대로 할 수 없었다고 변명하지만 그렇다고 해서 신학생 전도사들이 재학 중에 교회 사역을 제대로 할 수 있는 것도 아니다. 아무리 그들이 공부에 신경을 쓰지 않는다 하더라도 일주일에 대개 나흘은 학교에서 스무 시간 가까운 강의를 듣기 위해 바쳐야 한다. 강의뿐인가? 7~9개의 과목마다 부과되는 숙제와 시험들을 형식적으로라도 통과하려면 아무리 공부에 무관심한 학생이라도 약간의 시간은 내야 한다. 게다가 상당수의 신학생들은 학교에서 차로 여러 시간 걸리는 먼 지역에 가정과 교회를 두고 있는데, 매주 학교에서 그 곳까지 왕복하는 데도 하루 내지 이틀이 소요된다. 주말에는 교회에서 봉사하지만 주중에는 학교 기숙사에서 생활하는 학생들은 학교에 도착하는 순간부터 사실상 교회 일에 대한 생각은 모두 잊어버린다. 또 그렇게 잊어버려야 학교 생활을 할 수 있다. 학생이 학교에까지 와서 교회 일을 생각한다면 사실상 공부를 할 수가 없다. 이렇게 볼 때 신학생이 교회 사역을 충실히 감당한다는 것은 사실상 불가능한 일이다. 결국 교회 일은 대충 준비해서 적당히 수행할 수밖에 없다. 설교의 경우를 예로 들면 준비 없이, 또는 부실하게 준비해서 강단에 서는 나쁜 습관이 신학생 전도사 시절에 형성된다. 준비 없이 강단에 서는 일도 처음에는 미안하고 두렵게 여겨지지만 두 번, 세 번 계속하다 보면 그러한 방식에 익숙하게 된다. 대충 설교하는 것을 대수롭지 않은 일로 여기게 된다는 것이다. 이런 식으로 젊은 시절에 형성된 부실하고 무책임한 설교의 습관은 후일 목사가 된 후에도 쉽게 고쳐지지 않는다. 준비 없이 자기 마음대로 설교하면서도 양심의 가책을 느끼지 않는 거짓선지자의 경향이 신학생 때에 형성될 수 있다.

혜택에 대한 매력

그러면서도 한편 신학생들은 나름대로 전도사라는 자리에 매력을 느낄 수도 있다. 시골의 작은 교회일수록 더욱 그렇겠지만, 그들은 교회에 가면 자기를 향해 "전도사님! 전도사님!" 하고 부르면서 권위를 인정해주는 교인들의 대접과 존경을 받는다. 학교에서는 그저 학생일 뿐이지만 교회에 가면 영혼들을 지도하는 교역자로 대우받는다. 신학생들로 하여금 이미 사역자의 자격을 다 갖춘 것으로 착각하게 해주는 매력이 교회에 있다.

신학생들은 전도사라는 직분을 가지고 교회 봉사를 하는 동안 여러 가지 쓸데없는 것들을 많이 알게 된다. 자기의 미미한 사례에 비해 담임 목사는 얼마나 많은 사례와 대우를 받고 있는지, 담임 목사들이 누리는 특혜와 특권이 얼마나 더 많은지 등을 알게 된다. 그리하여 자기들도 빨리 목사가 되어 그와 같은 대접과 혜택을 받고 싶어하게 된다. 교인들과 하나님을 섬기는 일 자체에 대한 관심보다 목사직이 주는 혜택에 대한 관심이 그들로 하여금 빨리 목사가 되고 싶은 마음을 갖게 한다. 적어도 학교 재학 중에 만이라도 신학생들은 순수하고 이상주의적이어야 한다. 사례나 대접 등의 세속적인 대상보다는 훨씬 더 고상하고 가치 있는 것에 관심을 집중시켜야 한다. 그러나 신학생 시절에 전도사라는 '직업'

을 가지고 교회에서 일하는 경험은 그들로 하여금 순수성을 일찍 상실
하게 만든다. 때로 신학생들은 교회 내의 건전하지 못한 갈등에 연루되
기도 한다. 인간 관계에 잦은 알력이 있어 심한 경우 편당이 나누어지기
도 하는 교회에서 이들은 단지 교회 지체들 간의 대립과 반목의 현실을
목도할 뿐 아니라 어떤 경우에는 어느 한 편에 속해 갈등을 심화시키는
불행한 역할을 담당하기도 한다. 학생에게는 너무나 어울리지 않는 불
건전한 다툼에 연루되는 것이다.

3) 목회 현장의 문제점들

방황하는 목사들

많은 젊은 목사들이 도대체 목회를 어떻게 해야 할지를 모르겠다고
하소연한다. 그들은 자기 교회에서 목회 비전을 수립하기는커녕 당장
발등에 떨어진 불을 끄기도 바쁘다고 말한다. 급변하는 시대의 목사들
로서 교인들의 다양하고도 깊은 영적 필요들을 채워 주어야 하겠는데
어찌해야 좋을지를 몰라 답답해 한다. 신학대학원을 졸업하고 목회 현
장에 임했지만, 그리고 수년 간 전도사로 교회 사역을 해왔지만, 본격적
인 목회를 위해 도대체 아무 것도 제대로 준비된 것이 없는 자신들을 발
견하게 된 것이다.

목사들이 일선 목회지에서 무력감을 느끼게 되는 이유에는 여러 가지
가 있겠지만, 그 중 가장 큰 것은 제대로 준비가 되기도 전에 사역에 임
하는 현실이다. 목회 사역을 위한 준비는 지적, 인격적, 영적인 차원 모
두를 포함하며, 이 세 가지 차원의 준비는 많은 시간과 노력을 요하는 것
이다. 공부가 하루아침에 이루어지는 것은 아니며 인격의 성숙과 영적
성장을 위해서도 수년 간의 집중적인 훈련과 자기 성찰이 필요하다. 그

런데 신학생이 전도사로 교회 사역을 하게 되면 이러한 자기 수련과 연마의 시간을 확보하는 것이 거의 불가능해진다. 학교에서 강의를 듣는 것 외에는 차분하고 깊이 있게 독서를 하거나 자기를 돌아 볼 겨를이 없어지게 된다. 결국 자기 자신의 내실을 기하는 시간이 없이 학교와 교회를 기계적으로 왕래하면서 3년을 보낸 후, 학교를 졸업하고 나면 영혼들을 지도하고 가르칠 준비가 되어 있지 않은 자신을 발견하게 된다. 그런 경우 무엇을 가지고 목회할 것인가? 목회가 힘들어질 수밖에 없다.

어떤 사람들은 이렇게 말한다. "신학교에서 배운 것은 아무 것도 목회에 쓰지 못한다. 공부는 목회에 전혀 도움이 되지 않는다." 이 말은 한국의 현실에서 두 가지 경우가 있다. 첫째는 그 말이 타당성이 없을 경우이다. 신학대학원에서 가르치는 것은 당장 설교에 '쓸 수 있는' 어떤 것이 아니다. 신학대학원이 설교 예화를 제공하는 곳이 아니요, 평생 '쓸' 설교집을 만들어 주는 곳도 아니다. '신학교에서 배우는 것이 실제 목회에서 아무 도움이 되지 않는다'고 말하는 사람들은 어쩌면 신학교를 당장 목회지에 나가 그대로 베껴서 사용할 수 있는 설교집 등의 자료들을 모아 주는 곳, 또는 기껏해야 목회 방법을 가르쳐 주는 곳으로 생각하고 있기 때문인지 모른다. 그러나 신학대학원은 그처럼 얄팍한 일을 하는 곳이 아니다. 적어도 대학 졸업자들을 모아 '대학원'이라는 이름을 걸고 고등 교육을 실시하는 기관으로서 신학대학원은 보다 수준 높고 차원 있는 교육을 시행하는 곳이다. 신학대학원 교육은 학생들에게 목회를 위한 기본 저력을 길러 주고 목사로서의 기본적 자질을 배양하도록 돕는 것을 그 목적으로 한다. 비유하자면 '물고기를 몇 마리 잡아 주는 것이 아니라 물고기 잡는 법을 가르쳐 주는 것'이 신학대학원이 하는 일이라는 말이다. 어차피 설교자가 교회사나 조직 신학, 신약학이나 구약학을 설교할 수는 없다. 하지만 그것들은 모두 목사가 설교자로서 그리고 교회의 교사로서 교인들을 가르치고 양육하기 위해 필요한 기본 소양들이다. 신학대학원 교육이 정상적으로 이루어진다면 신학생들이 그러한 과목들의 훈련을 받는 동안 단순히 각 과목의 단편적 지식들뿐 아니라 생각하고, 말하고, 쓰는 능력을 배양하게 된다. 이러한 능력들은 모두 목회를 위한 저력이 된다.

그러나 신학대학원이 아무리 이처럼 충실한 교육을 수행한다 하더라도 학생이 전도사 역할을 하느라 교회에 지나치게 많은 시간을 빼앗기고 배움에 성실히 임하지 못한다면 목회를 위한 준비가 제대로 이루어질 수 없다. 그리고 그런 사람은 졸업 후 안수를 받고 본격적인 사역에 임했을 때 목회를 위한 준비가 제대로 되어 있지 않은 자신을 발견하게 될 것이다.

다른 한편으로 '신학교에서 배우는 것들은 목회에 별로 도움이 안 된다' 는 불평이 타당한 경우들도 있을 것이다. 그 경우는 신학대학원들이 앞에서 말한 건전한 결과들—저력과 자질의 향상—이 일어날 수 있을 정도의 양질의 교육을 제공하지 못하고 있을 때이다. 한국에는 이런저런 이유들로 인해 그러한 경우들이 얼마든지 있을 수 있다. 수백 명의 학생들을 한 자리에 모아 두고 강의를 한다거나 강의를 듣고 노트에 필기하는 것이 교육의 전부인 것으로 간주되고 있는 신학교가 있다면, 그런 학교에 3년 간 다닌다 하더라도 목사가 되기 위한 근본적 저력이나 자질은 배양되기 어렵다. 기껏해야 교수가 강의 시간에 불러주는 약간의 지식이나 필기해 두었다가 시험 기간 중에 달달 외워 적었을 뿐, 제대로 깊이 있는 독서나 사색, 토론이나 글쓰기를 해보지 못하고 신학대학원을 졸업했다면 허울만 '고등 교육' 학위를 받았지 실상은 피상적이고 얄팍한 교육의 껍데기 경험만을 가지고 교문을 나서게 된다. 이런 경우에는 아무리 3년을 신학대학원에서 지냈다 하더라도 목회를 위한 준비가 제대로 될 수 없다. 이것은 신학대학원 교육의 질이 낮고 교육이 부실한 경우라 할 수 있다. 그러나 이처럼 이름만 신학대학원이 아니라 실제로 어느 정도 대학원다운 수준을 유지하는 학교에서 3년 간 교육을 받는다면 분명히 목회를 위한 많은 도움을 받게 될 것이다.

불만스러운 교인들

자기들의 목사가 어떤 이유에서 훌륭한 목회 서비스를 제공하지 못하고 있는지, 그 이유를 알 수 없고 또 알 필요도 없는 교인들은 자주 목사들에게 불만을 가진다. 많은 교회들, 특히 교인들의 수가 많거나 교육적, 사회적 수준이 높다거나 하는 등의 이유로 자기 교회에 대해 자부심을 가진 교인들은 담임 목사 자리가 비게 되면 적절한 후임을 찾지 못해 오랫동안 고생하는 경우들이 종종 있다. 반년이나 일 년 이상 후임 목사를 찾기 위해 동분서주했으나 목사 청빙에 실패한 교회들은 공통적으로 "마땅한 목사가 없다!"고 불평한다. 물론 지원자가 없었다는 말은 아니다. 웬만한 크기의 교회에 담임 목사 자리가 비면 원서가 수십 통, 혹은 수백 통씩 쌓인다고 한다. 그런데도 마땅한 목사를 찾기 어렵다는 것은 무엇을 의미하는가? 복합적인 이유들이 있겠지만 단지 교회들의 눈이 높기 때문만은 아닐 것이다.

외국 학위 소지자를 찾는 교회들

많은 교회들이 외국 학위를 가진 목사들을 찾는다. 왜 그런가? 단지 그들의 간판주의와 허영심 때문인가? 단지 그런 이유 때문이라고 생각하는 것은 너무 일방적이다. 교인들이 외국 학위를 가진 목사를 찾는 이유들 가운데 하나는 외국에서 훈련받은 사람은 실력이나 인격에서 더 나을 것이라는 기대 심리 때문이다. 그러면 이런 교회들이 국내에서만 신학교육을 받은 목사들은 자기들의 필요를 채우지 못한다고 판단하게 된 이유는 무엇인가? 국내에서 신학을 포함해 고등 교육을 7년이나 받은 목사들이 웬만한 규모를 가진 대도시 교회 교인들의 영적, 목회적 욕구를 채우지 못하는 경우가 많은 이유는 무엇인가? 그것은 한국 교회의 신학생 전도사 제도가 한국의 신학생들로 하여금 학업과 자기 훈련에 전념하는 것을 어렵게 하고 있기 때문이다. 수년 간 신학교 학생으로 적을 두고 있었다 해도 그 시간의 상당 부분과 관심의 절반 이상을 교회 일에 빼앗기는 상태에서는 장래 담임 목사가 되었을 때 교인들의 필요를 충족시켜 줄 수 있는 저력을 기를 수 없다.

근본적 대책

만일 한국 교인들이 참으로 자기들을 위한 좋은 목사를 청빙하는 데 관심이 있다면 언제까지나 외국에서 공부한 사람만 찾을 것이 아니라 근본적인 대책을 세워야 한다. 그들은 자기 교단 신학교에서 훈련받고 있는 목사 후보생들이 미래의 자기 교회 목사가 될 사람으로서 제대로 훈련을 받고 있는지, 그들이 좋은 목사로 성장하기 위해 적절한 여건을 제공받고 있는지, 신학교들이 제공하고 있는 교육의 질은 양호한지 관심을 가지고 체크해야 한다. 그러한 관찰과 분석 그리고 평가의 결과, 자기 교단 신학생들의 교육 여건이 충실하지 못하다고 판명되면 온 교단 교회의 교인들과 특히 책임 있는 위치에 있는 지도급 교인들은 신학교육의 질을 높이고 교육 여건을 개선하기 위해 손을 써야 한다. 무엇보다도 장래 자신들의 교회 목사가 될 신학대학원생들을 교회 잡무에 매이게 함으로써 그들의 장기적 성장 발전을 저해할 것이 아니라, 그들로 하여금 학생다운 공부와 경건의 훈련에 전념할 수 있는 여건을 제공받을 수 있도록 해야 한다. 목사후보생들이 장래를 바라보며 3년 동안 목사로서의 자질을 향상시키는 데 전념할 수 있게 해 주는 것이 앞으로 교회가 훌륭한 목사를 모실 가능성을 훨씬 더 높일 수 있는 방법이다.

그러므로 지역 교회들은 신학생들에게 유급 전도사직을 맡기지 말고 그들이 3년 간 은인 자중하면서 영적 준비와 신학 공부에 열중할 수 있도록 해주어야 한다. 몇 년만 참고 기다리면서 그들에게 학비와 기본 생계비를 장학금으로 지급해 주어야 한다. 그러면 불과 3~5년 뒤에는 훌륭한 목사들이 각 교회들로 배출되어 그들에게 영적, 질적으로 향상된 목회 서비스를 제공하게 될 것이기 때문이다.

2. 원인

많은 문제들과 부작용이 엄존함에도 불구하고 한국 교회에 신학생 전도사 제도가 버젓이, 아무런 도전도 받지 않은 채 건재할 수 있는 이유는 무엇인가? 물론 어떤 행태가 제도화되거나 관행화되면 그것을 정상적인 것, 당연한 것, 또 으레 그런 법으로 여기는 사람들의 경향이 중요한 이유일 것이다. 즉 모든 제도에는 관성의 법칙이 작용한다는 것이다.

그러나 신학생 전도사 제도가 유지되는 배경에는 그 외의 다른 요인들이 숨어 있다. 그것은 한국 기독교의 반지성주의, 목회에 지적 훈련은 별로 필요하지 않다는 생각, 지성과 영성은 상호 배타적이라는 오해, 마지막으로 부실하게 공부해도 진급과 졸업이 가능한 한국의 신학대학원들의 낮은 표준 등이 있다.

반지성주의

신학생 전도사 제도는 그 자체로써 반지성주의의 메시지를 담고 있다. 그것은 좋은 목사가 되기 위해 신학교육이 꼭 필요한 것은 아니라는 암시를 주고 있기 때문이다. 일정 기간의 교육과 수련을 끝내지도 않은 사람들이 교회에서 전도사라는 이름으로 버젓이 교역자로 인정받으면서 목회를 하고 있는 형편에 누가 신학 수업이 목사가 되기 위한 필수 조건이라 생각할 것인가? 특별한 훈련과 지식이 없지만 단지 신학교에 다니기 시작했다는 이유만으로 자격이 이미 갖추어진 것처럼 사역하고 있는데 누가 신학대학원 교육에 큰 의미를 부여할 것인가?

가끔 목사들 중에는 "학교 공부는 목회 일선에서 별 도움이 되지 않아!", "공부를 그렇게 열심히 할 필요는 없어. 차라리 내 목회나 잘 보고 배워.", "학교 공부보다 교회 일이 더 중요해!"라고 신학생들에게 충고하는 사람들이 있다고 한다. 심지어 공부를 많이 하면 오히려 목회에 방해가 된다고 생각하는 사람들도 있다. 소위 반지성주의의 입장이다. 실제로 '공부 안 해도 좋은 목사가 될 수 있다' 고 노골적으로 말하는 사람은 소수이겠지만 내심 '훌륭한 목사가 되는 것과 교육이 무슨 관계가 있는가? 기도나 열심히 하고 성령 충만하기만 하면 되지!' 하는 생각을 품고 있는 사람들은 많은 것 같다. 과연 지성의 훈련, 충분한 신학적 지식, 그리고 훌륭한 교육은 좋은 목사가 되는 것과 무관하거나 아니면 오히려 그것에 장애 요인이 되는가? 그렇지 않다! 공부만 많이 한다고 좋은 목사가 되는 것은 아니지만 좋은 목사가 되기 위한 필요 조건이다. 동일한 정도의 영성과 경건을 가졌다면 교육을 잘 받은 사람일수록 보다 효과적인 사역을 할 것은 자명한 사실이다.

조나단 에드워드는 제1차 대각성 운동의 주역이었고, 부흥 운동 및 종교의 감정적 측면을 아주 논리적이고 효과적으로 옹호했던 사람이었다. 그는 『종교적 감정(Religious Affections)』이라는 불후의 명저에서 "우리 교인들은 머리를 지식으로 채우는 것보다 마음을 따뜻하게 해주는 것을 더 필요로 한다"고 말할 만큼 종교에서 감정의 중요성을 강조했던 사람이었다. 그럼에도 불구하고 그는 이미 250년 전인 18세기 중반에 목사가 되기 위한 최소의 교육적 조건을 대학(college) 교육을 받은 자로 한정해야 한다고 주장할 만큼 지성의 필요성을 아울러 강조했다. 그는 제1차 대각성 운동이 절정에 달했던 1741년, 『하나님의 영의 사역의 특징적 표시들』이라는 예일대 졸업식 설교에서 반지성주의의 문제점을 지적하면서 '인간의 학문을 무시하지 말자'고 제안했다.

> 목회 사역에 있어 인간의 학문이 거의 또는 전혀 소용이 없다고 주장하는 사람들은 자기가 무슨 말을 하고 있는지 모르는 사람들이다. 그들이 만일 그것을 알았다면 그런 말을 하지 않았을 것이다. 인간의 학문이 의미하는 바는 인간적이고 외적인 수단에 의한 보편적 지식이다. 인간의 지식이 필요 없다고 말하는 것은 어린아이들에 대한 교육이나, 성인이 어린이보다 더 많이 가지고 있는 일반적 지식이 아무 필요가 없다고 말하는 것과 마찬가지다. 만일 그렇다면 네 살배기 어린이나 학식이 아주 많은 서른 살 된 어른이나, 은혜 받은 정도만 같다면 교회 교사로서 가르칠 수 있는 동일한 자격을 갖춘다는 말이 된다. 즉 네 살배기 아이도 어른 못지않게 하나님의 나라를 가르칠 능력이 있다는 말이 되는 것이다. 만일 어떤 두 사람이 가진 은혜의 크기가 같다면 둘 중 지식이 더 많은 사람이 봉사를 위한 더 큰 능력과 이점을 가지고 있다는 데에는 의심의 여지가 없다. 지식이 많을수록 자기가 원하는 선이나 악을 행할 능력이 커진다. 하나님은 사도 바울의 인간적 학문을 크게 사용하셨으며 모세와

솔로몬의 경우도 마찬가지였다. 만일 인간적 수단에 의해 획득되는 지식을 무시할 수 없다면 공부도 무시할 수 없다. 그것은 다른 사람들을 가르치기 위한 준비를 위해서도 크게 필요하다. 공부하지 않고도 성령의 강력한 영향으로 충만해진 마음을 가진 사람이 큰 유익을 줄 수도 있다. 그렇다고 해서 우리가 좀 더디지만 안전하게 계단을 따라 내려가는 방법 대신, 주의 천사가 우리를 받아 주실 것이라고 믿고 성전 꼭대기에서 뛰어 내려서는 안 된다.[4]

사람들은 흔히 지성과 영성을 상호 대립적인 것으로 생각한다. 지성을 훈련하면 영성이 빈곤해지고 영성을 강조하면 지성이 빈약해진다는 것이다. 물론 어느 한 쪽을 열심히 하다보면 다른 쪽을 소홀히 하게 되는 경우가 있다. 그러나 목사는 영성과 지성의 어느 한쪽이라도 부족하면 풍성한 목회를 하기 어렵다. 둘 중 어느 한 가지만 가지고는 능력 있는 일꾼이 될 수 없다. 횟필드, 피니 같은 사람들은 위대한 부흥사였지만 동시에 옥스퍼드대학 출신이거나 변호사 출신으로 이미 상당한 지적 훈련이 되어 있는 사람들이었다. 물론 교회사에는 교육의 경험이 빈곤함에도 불구하고 위대한 사역을 감당했던 사람들이 가끔 나타난다. 무디나 스펄전이 그러한 사람이다. 그러나 그것은 예외이지 보편적인 경우가 아니다. 또 하나 간과하지 말아야 하는 사실은 그들이 정규 학교에 다닌 사람들보다 더 많이 읽고 공부했던 사람들이라는 것이다. 스펄전은 손에서 책을 놓는 일이 없었다고 한다. 훌륭한 목사가 되려면 공부도 많이 하고 기도도 열심히 해야 한다. 다른 모든 조건들이 동일하다면 교육을

---

4) Jonathan Edwards, "The Distinguishing Marks of a Work of the Spirit of God" in Jonathan Edwards on Revival (The Banner of Truth Trust, 1984), 141-2.

많이 받을수록 더 나은 목사가 될 가능성도 커진다. 그것은 마치 다른 모든 조건들이 동일하다면 더 많이 기도할수록 더 좋은 목사가 되는 것과 마찬가지다. 지성과 영성 두 가지는 모두 좋은 목사가 되는데 필수적이다. 양질의 교육과 깊은 영성은 상호 대립적인 것이 아니라 상호 보완적인 요소들이다.

목사가 되기 위해 교육이 도움이 되지 않는다면 신학대학원들이 존재할 필요가 없다. 신학대학원 입학 자격도 대졸자로 제한할 필요가 없다. 무학자든 초등학교 졸업자든 신학대학원 입학을 위한 학력 제한을 철폐해야 한다. 차라리 신학대학원이라는 교육 기관 자체를 폐지해야 할 것이다. 좋은 목사가 되는 것과 교육이 무관하다는 논리를 따른다면 3년간이나 신학대학원에 다니는 것은 시간과 물질과 정력 낭비다. 그 시간에 산에 가서 철야나 금식 기도를 하는 것이 훨씬 낫다.

그러나 현대의 목회 사역의 많은 부분은 가르치는 것으로 이루어진다. 가르치기 위해서는 물론 성경에 통달해야 하지만 그것만 가지고는 충분하지 않다. 설교자는 시대의 흐름과 사회의 발전 추세를 파악하고 있어야 하며 그 시대인들의 관심사들에 대해 그 시대의 언어로 말할 수 있어야 한다. 교육이 제공하는 것은 바로 그러한 것들이다. 복음의 근본 진리들은 영원 불변하나 학문과 사회는 역사의 진행에 따라 점점 발전해서 새로운 정보들과 도전들이 속속 등장하고 있다. 그것들을 자유로이 구사할 수 없으면 목사가 이 시대의 평신도들의 필요를 채울 수 없다. 자기와 대화가 되지 않는 목사를 과연 성도들이 존경하고 따를 수 있겠는가?

낮은 신학교육의 표준

입학하기만 하면 거의 누구나 졸업할 수 있게 되어 있는 신학교 풍토에도 문제가 많다. 신학대학원생들의 학업 성취도 평가 표준이 낮은 이유가 학교측에 있는가 아니면 학생들에게 있는가 하는 것은 '닭이 먼저냐, 달걀이 먼저냐?' 하는 질문과 같다. 그것은 차라리 하나의 악순환이라 하는 것이 옳다. 학생들이 시험이나 과제에서 수준 이하의 성취도를 보일 때, 교수가 "자네는 왜 이렇게 공부를 하지 않았는가?"라고 물으면 많은 경우 학생들은 교회 일이 너무 많아 공부할 시간이 없었노라고 대답한다. 그러면 많은 경우 교수들은 어쩔 수 없는 일로 인정하고 평가의 기준을 낮추어 준다. 어쨌든 그 학생이 교회에서 '쫓겨날' 위험을 무릅쓰게 할 수는 없다는 것이다. 많은 학생들이 교회에서 쫓겨나거나 교수의 엄격한 채점으로 학교에서 유급이나 제적을 당하면, 학생도 학생이겠지만 신학교 재정에도 지장이 생길 것이라 염려하는 교수들도 있을지 모른다. 그래서 도저히 학점을 받을 수 없을 것으로 보이던 학생이 성적을 받고 학업을 계속하는 것을 보면, 다른 학생들도 덩달아 해이해져서 노력을 덜 하게 된다. "저 정도 공부하는 사람도 합격하는 것을 보니 그렇게 염려할 필요는 없겠구나." 하는 식으로 생각하게 된다는 것이다. 그러므로 다음 시험에서 학생들의 성취도는 더욱 떨어지게 되고 대다수 학생들의 성적이 저조하니까 교수는 다시 너무 많은 학생을 낙제시킬 수 없다는 생각으로 평가의 기준을 더 낮추게 된다. 이런 식의 타협에 의해 신학교들의 평가 기준은 점점 더 하향 조정되고 결국 학업 성적 때문에 중도 탈락하는 사람은 거의 없게 된다. 한국에서 신학교에 들어온 사람들은 별로 공부하지 않아도 무난히 학교를 졸업하고 목사가 되는 것이다.

가벼운 재정 부담?

교회들의 재정적 이유가 신학생 전도사 제도를 존속하게 하는 요인으로 작용하는 경우도 있다. 즉 각 교육 부서마다 신학대학원을 졸업한 전임 사역자를 채용하려면 상당한 예산이 필요하다. 그러나 파트 타임 신학생들을 채용하면 큰돈을 들이지 않고 부서마다 한 사람씩의 교역자를 배치해서 책임을 지우고는 그 부서의 영적 관리 문제는 해결되었다고 안심한다. 그러나 기억해야 할 것은 우리는 결국 '투자한 만큼의 수확을 거둔다' 는 것이다.

3. 대책

그러면 어떻게 해야 하는가? 신학생이 교회에서 전도사로 공식적 사역을 수행하는 것에 문제가 많다면 신학교육을 위해서, 장래 목사들의 사역을 위해서 그리고 교인들을 위해서 이 문제를 어떻게 해결해야 할 것인가? 결론부터 말하면 신학생들이 자신의 고유 사명에 충실할 수 있도록 교회들이 배려해 주어야 한다는 것이다. 신학생들이 신학 공부와 영적 훈련에 충실할 수 있도록 교회가 그들의 학비와 기숙사비를 책임져야 한다.

노회가 목사 후보생들에 대한 관할권을 가진다는 의미

앞에서도 간단히 언급했지만 신학생들이 교회 일에 매이는 데는 이유가 있다. 교회에서 전도사로 일하는 것 외에는 대부분의 가난한 신학생들이 학비와 생활비를 조달할 다른 길이 없다. 일부 신학생들은 전도사로서의 봉사 경력이 강도사 자격증을 받는 전제 조건이 되는 것으로 알고 훗날을 위해 그렇게 하고 있기도 하지만, 사실상 많은 신학생들에게 전도사직은 일차적으로 재원 조달을 위한 수단이 되고 있다. 신학생들 스스로 시인하는 것처럼 현재 교회 전도사로 일하는 것은 많은 신학생들에게 있어 일종의 아르바이트로 되어 있다. 그러나 그것이 누구에 의한 것이든 돈 때문에 교회 일을 한다는 것은 분명히 잘못된 현상이다.

이처럼 바람직하지 못한 현실을 극복하기 위해 신학대학원생들의 학비와 기숙사비를 무조건 책임지는 제도가 확립되어야 한다. 또한 원칙적으로 그렇게 하는 것이 옳다. 왜냐하면 목사 후보생은 법적으로 노회의 관할 하에 있기 때문이다. 신학대학원생들을 노회가 관할한다는 것은 단지 일 년에 한 번 그들의 신학 수업 계속 여부를 심사한다는 것만은 의미하지 않는다. 그것은 노회가 목사 후보생들의 교육과 생활을 포함한 전반적인 면을 돌보고 후원하는 것을 포함한다. 목사 후보생들에 대한 노회의 후원은 기도와 관심이라는 정신적 측면뿐 아니라 학비와 최소한의 생활 보장이라는 물질적 차원을 포함해야 한다.

수익자 부담 원칙

여기서 우리는 교단 신학대학원의 존재 목적을 새삼 상기할 필요가 있다. 교단 신학대학원은 왜 존재하는가? 그것은 누구를 위한 것인가? 교단 신학대학원의 설립 목적은 무엇인가? 신학대학원에서 가르치는 몇 사람의 교수들에게 일자리를 제공하기 위해서인가? 물론 아니다. 신학대학원은 교단에 속한 교인들을 위해 존재한다. 그 교인들에게 훌륭한 목회 서비스를 제공할 목사를 양성하는 것이 교단 신학대학원의 존재 목적이다. 자신들과 그 자녀들에게 목회를 하게 될 목사를 양성하기 위해 교단의 교인들과 합의하여 설립한 것이 교단 신학대학원이다.

교단 신학대학원은 일차적으로 교인들의 것이요, 교인들을 위한 것이요, 교인들에 의해 운영되는 것이어야 한다. 그러므로 교단 소속 교인들은 마땅히 신학대학원에 대해 관심을 가져야 한다. 거기서 어떤 교육이 이루어지고 있으며 어떤 목사 후보들이 양성되고 있는가 하는 것은 자기들과는 무관한 남의 일이 아니요, 불과 몇 년 후면 자기들과 후손들의 영적 복지를 좌우할 중요한 일이다.

교단 소속 교인들은 신학대학원이 좋은 목사 양성이라는 본연의 사명을 효과적으로 잘 수행하고 있는지, 학교는 그 목적을 성공적으로 달성하기 위해 좋은 학생들을 모집하고 있는지, 그 학교가 제공하는 교육의 질과 수준은 어떠한지 등에 관심을 가져야 한다. 물론 이사회가 있어 교단 전체의 교인들을 대표하여 학교의 교육을 감독하고 지원하고 있지만 그것만으로는 부족하다. 민주 국가에 국회라는 국민의 대변 기관이 있지만 주권자인 국민들이 정치에 무관심하면 정치가 왜곡될 수 있다. 동일하게 신학대학원에도 학교 법인 이사회가 있지만 교단 교인들이 신학교에 관심을 가져야 한다. 교단 신학교의 궁극적 주인은 교인들이기 때문이다.

한편 교단 신학대학원의 수혜자가 결국 교인들이라면 그들은 신학대학원의 운영과 유지를 책임져야 한다. 신학대학원이 장래의 사역자들을 제대로 양성할 수 있도록, 그리고 목사 후보생들이 제대로 교육받을 수 있도록 기도와 재정으로 도와야 한다. 수익자 부담 원칙에 따라 교인들은 신학대학원의 유지를 위해 필요한 경비를 부담하는 것이 마땅하다 하겠다. 목사 후보생 양성과 신학교 유지를 위해 경비를 감당할 의사는 없고 단지 양질의 목회 서비스를 받기만 원하는 것은 극히 무책임한 태도인 것이다. 만일 교인들이 목회의 중요성을 참으로 인정한다면 결코 신학대학원에 무관심할 수 없다. 자기들의 영적 복지의 중요성을 진정으로 인식하는 교인들이라면 목사 양성의 전 과정을 자신들의 책임하에 운영하려 할 것이요, 목사 후보생들이 '자비량'으로 훈련받도록 버려 두지 않을 것이다. 목사 양성이 하나님 나라의 장래를 위해서나 자신을 위해서 너무나 중요한 문제임을 자각하는 사람들은 목사 후보생들이 스스로 학비를 마련하고 신학교가 스스로 운영비를 마련하도록(신학교들이 운영비를 스스로 마련하는 방법은 주로 학교의 적정 수용 능력과 상관없이 학생을 많이 모집하는 방법이지만) 만들지는 않을 것이다.

한국의 어떤 신학교들은 전적으로 신학생들의 등록금에 의지해서 운영된다고 한다. 일반 사립 학교도 등록금 의존도가 50퍼센트를 넘으면 바람직하지 못한 수준이라고 하는데, 하물며 목사를 양성하는 신학교에서 등록금 의존도가 50퍼센트 이상이라는 것은 매우 곤란한 수준이다. 대부분의 신학생들이 무슨 돈이 있어 일 년에 수백만 원씩의 등록금을 마련할 수 있겠는가? 물론 어떤 교단들에서는 교회들이 자기 교회 신학생 전도사들에게 등록금의 전부, 혹은 일부를 부담해 주고 있다. 그러나 원칙적으로 목사 후보생들의 학비는 교단과 교회들의 책임이다.

교단 직영 신학대학원은 재정원이 뻔하다. 일반 대학들은 동창들 중 성공한 사업가들이나 동창들의 기부금 또는 국가의 지원금에 많이 의지한다. 그러나 신학대학원에는 국가의 지원도 없고 동창들의 기부도 거의 기대할 수 없다. 동창이라야 대부분 가난한 목사들이기 때문이다. 물론 일반 사립 대학들도 학생들의 등록금에 일부 의지한다. 그러나 신학대학원과 일반 대학은 크게 다른 점이 있다. 일반 대학생들은 아직 20대 초반의 연령에 있는 사람들이므로 아직 부모들의 보호하에 있고 부모에게 경제적으로 의존할 수 있다. 그러나 신학대학원생들은 모두 20대 중반 이후의 연령에 있는 사람들이다. 그들은 대학을 졸업하고 상당수는 군대까지 다녀 온 사람들이다. 즉 신학대학원생들은 경제적으로나 연령적으로 이제 독립해야 할 사람들이다. 그러한 위치에 있는 사람들이 학비를 연로한 부모들에게 의존하는 것은 부적절한 일이다. 서른이 다 된 나이에 신학 공부를 위해 부모의 돈을 받아쓰는 것은(특별히 부유하고 경건한 집안의 경우를 제외하고는) 별로 덕이 되지 않는 일이다. 대학을 졸업한 연령이면 이제 경제적으로 부모를 부양해야 할 나이다. 그런데 또 교육을 받겠다고 부모에게 손을 벌리는 것이 하나님 보시기에도 그렇게 아름다운 일이겠는가? 더군다나 결혼을 하여 가정을 가진 신학생이라면 더욱 그러하고 불신 가정 출신이라면 두 말 할 나위도 없다. 그러므로 신학대학원이 운영을 위해 학생들의 등록금에 크게 의지한다는 것은 불건전한 일이다. 신학대학원의 운영과 목사 후보생의 교육을 위한 비용은 교단이 감당하는 것이 가장 바람직한 일이다.

재력 있는 그리스도인들은 신학교에 유산을 남기자

차제(此際)에 재력 있는 그리스도인들에게 한 가지 제안하고 싶은 것이 있다. 그것은 장차 유산을 처리할 때 그 일부를 신학대학원에 기부하는 것을 한번 고려해 달라는 것이다. 필자가 미국에서 공부할 때 어떤 통계를 보고 놀란 적이 있다. 그것은 미국 각 대학들의 재산을 순위별로 기록해 놓은 자료였다. 하버드, 예일대학이 1, 2위를 차지한 것은 이해가 갔다. 미국에서 가장 오래 되고 유명한 대학들이니 당연한 일이었다. 그런데 3위는 일반 대학이 아니고 다름 아닌 프린스턴신학교였다. 일개 신학교가 다른 기라성 같은 대학교들을 제치고 3위에 오른 것을 늘 의아해하던 필자는 어떤 사람으로부터 그 이유를 듣게 되었다. 프린스턴신학교에 재산이 그렇게 많은 것은 신학교가 속한 교단인 미장로교회의 교인들이 죽을 때 유산을 신학교 앞으로 기증하는 일이 흔하기 때문이라고 한다. 인간이 유산을 가장 가치 있게 물려줄 수 있는 방법은 무엇이겠는가? 여러 가지가 있겠지만 목사 양성을 위한 교육 기관에 기부하는 것이야말로 하나님 앞에서 큰 상급과 칭찬을 받을 수 있는 길이 아니겠는가?

유감스럽게도 한국의 재산 있는 그리스도인들 중에 유산을 그런 식으로 처리한 사람이 있다는 말은 별로 들어보지 못했다. 오히려 불신자들 중에 자기 전 재산을 장학금으로 희사했다는 말은 들린다. 혹은 신자들이 유산을 일반 교육 기관에 바쳤다는 기사는 가끔 접할 수 있다. 그러나 한국에 천만이나 되는 그리스도인들이 있음에도 불구하고 유산을 신학교에, 목사 후보생 교육을 위해 희사했다는 말을 들어 본 적은 없는 것 같다. 왜 그럴까? 홍보가 덜 된 것인가? 목사 양성을 위한 교육의 가치에 대한 인식이 부족해서인가? 그렇다면 한국의 신학대학원들은 앞으로 이러한 인식을 확산시키는 일에 관심을 가질 필요가 있다. 한국 신학교들이 지금까지 학교의 재정 확보를 위해 생각해 낸 방법은 주로 학생들을 많이 뽑는 일차원적인 방법이었다. 그러나 이 방법은 앞서 지적한 것처럼 부작용이 너무 많다. 게다가 교육의 질이 떨어지고 목사 후보생들의 자질이 저하된다. 신학교육 담당자들은 그런 식의 손쉬운 방법에만 의지하여 학교를 운영하지 말고, 소속 교단의 재력가들에게 신학교육의 중요성과 목사 후보생 양성의 의미를 잘 설득함으로써 미국처럼 많은 교인들이 유산을 신학교 앞으로 물려주는 좋은 전통을 세울 수 있도록 유도해야 한다.

하나님이 한국 교회에 물질의 축복을 주신 이유

하나님의 은혜로 지난 30년 간 한국 경제는 눈부시게 발전했다. 최근 IMF 위기로 인해 다소 어려워지기는 했지만 과거에 비하면 교회들의 재정적 능력이 훨씬 향상되었다. 하나님께서 한국 교회에 이처럼 풍성한 물질의 복을 주신 목적이 무엇인가? 이제 한국 교회가 의미 있고 가치 있는 일을 적극적으로 하라는 것이 아니겠는가? 교회가 할 수 있는 의미 있는 일들이 많이 있지만, 가장 의미 있는 일 가운데 하나는 장래의 한국 교회를 책임질 목사 후보생들을 양육하는 것이다. 그러므로 한국 교회는 이제 목사 후보생들의 양성을 위해 재정을 과감히 투입해야 한다. 교회 일을 한 대가로 소위 '사례'라는 것을 신학생들에게 지급할 것이 아니라 교회의 장래를 위해 무상으로 학비와 최소한의 생활비를 장학금으로 지급해야 한다. 현재 신학대학원의 한 학기 등록금은 작은 돈이 아니다. 신학생들이 어디서 그 많은 돈을 스스로 마련할 수 있겠는가? 전통적으로 신학을 지망하는 학생들 중에 부유한 집안 출신들은 많지 않다. 의학이나, 법학이나, 경영학 등의 일반 학문의 경우처럼 지금 당장 빚을 지더라도 장차 큰돈을 벌어 갚을 소망이라도 있다면 투자하는 기분으로 신학을 공부할 수도 있을 것이다. 그러나 신학 공부를 시쳇말로 '본전 뽑기' 위해 할 수도 없지 않은가?

신학생들은 하나님 나라의 사관 생도들

삼군 사관 학교 생도들의 경우 교육비와 생활비 등 그들의 사관 학교 4년의 생활을 국가에서 완전히 책임진다. 그것은 그들이 장차 국가 방위를 위해 목숨 걸고 일할 사람들이기 때문이다. 신학생들은 하나님 나라를 수호하고 확장하기 위해 일생을 헌신한 사람들이다. 그들 한 사람 한 사람이 맡게 될 목사직의 중요성이 사관 생도들이 맡게 될 장교직의 중요성보다 덜한가? 세속 국가를 지키는 군대의 지휘관이 되려고 준비하는 사관 후보생들을 위해 국가가 최대의 투자를 아끼지 않는 것과 같이 하나님의 나라를 수호하는 영적 군대의 지휘관이 될 목사 후보생들을 위해 최대의 물질을 투자하는 것을 교회가 아까워하지 말아야 한다. 한국 교회는 이제 하나님 나라의 사관 생도인 신학생들의 학비와 재학 중의 최소한의 생활을 책임져야 한다.

문제는 능력보다 의지

한국 교회는 마음만 먹으면 그 동안 하나님으로부터 받은 물질적 축복을 가지고 그 일을 충분히 할 수 있다. 예를 들어 신학대학원생이 5백 명정도 되고 교회가 1천5백 개정도 되는 교단의 경우를 생각해 보자. 세 교회가 힘을 모아 한 사람의 신학생만 책임지면 그 교단의 모든 신학대학원생들이 3년 간 학비 문제로 인한 스트레스 없이 교육에 전념할 수 있게 된다. 한 신학대학원생의 일년 등록금은 4백만 원 내외다. 그리고 독신인 경우, 한 학생에게 매월 30만 원 정도의 용돈을 지급한다면 일 년에 360만 원이 든다. 즉 독신 학생 한 사람의 학비와 생활비 총액은 1인당 760만 원이 된다. 세 교회가 이것을 나누어 분담한다면, 한 교회당 일 년에 신학생들을 위해 250만 원정도를 지출하면 되는 셈이다. 교단 교회들의 1/3이 미자립 교회라서 남을 도울 형편이 안 된다면 두 교회가 한 학생을 지원하면 된다. 즉 일 년에 한 교회가 삼사백만 원을 지출하면 교단 목사 후보생들이 마음놓고 공부할 수 있게 된다. 의지만 있다면 그것이 그렇게 어려운 일은 아니다. 이미 서울의 몇몇 큰 교회들은 열 명 가까운 신학생들의 학비와 생활비를 지원하고 있기도 하다. 그것도 일 년에 신학대학원생 1인당 1천만 원을 훨씬 넘는 예산을 투자하면서 말이다. 어떤 사람들은 '현재 우리 교회 살림을 꾸려가기도 어려운데 신학대학원생들을 위해 무슨 몇백만 원을 더 지출한다는 말인가?' 하고 불만을 표할 수도 있다. 그러나 그처럼 선하고 중요한 일에 재정을 사용하는 교회에는 하나님께서 물질적으로 복을 주셔서 지출한 장학금 액수의 30배, 60배, 100배를 부어 주실 것이다. 그것이 성경의 가르침이요, 우리의 믿음이 아닌가? 문제는 경제력이 아니라 의지요, 믿음이다.

기혼 신학대학원생들의 경우

그러나 기혼자에 대해서는 어떻게 할 것인가? 기혼자로서 가족이 있는 신학대학원생에게는 월 30만 원만 지급해서는 생활이 곤란하지 않은가? 이런 경우에는 월 50만 원을 지급할 수도 있을 것이다. 그러나 이상적으로 말해서 목사가 되고자 하는 신학생들은 가능하면 신학대학원 졸업 때까지는 결혼을 하지 않는 것이 좋다. 공부할 시간도 부족한데 가족을 돌보고 그들을 경제적으로 부양하는 일까지 한다는 것은 너무 벅찬 일이다. 이미 결혼한 후에 신학교에 가기로 결심한 경우나 재학 중에 꼭 결혼해야 하는 경우라면 외국의 신학생들처럼 신학대학원을 졸업할 때까지 배우자로 하여금 파트 타임이나 풀 타임으로 직장을 가지게 할 수도 있다. 가정을 꾸려 나가기 위한 비용은 사실 월 백만 원으로도 부족할 수 있는데, 아무리 노회가 신학생들의 교육을 책임진다 하더라도 결혼해서 가족이 있는 신학대학원생들의 생활비를 100퍼센트 모두 감당하기는 어려울 것이다. 또한 신학생들로서도 그것을 기대하는 것은 지나친 일이다. 할 수 있다면 결혼은 신학대학원 졸업 후로 미루는 것이 바람직할 것이다.

구체적 지원 방법

한 교회가 신학생들의 학비와 기본적 생활비를 지원할 수 있는 방법은 여러 가지가 있을 수 있다. 노회가 지교회로부터 올라오는 상회 부담금으로 신학생들을 직접 지원하거나, 아니면 노회가 각 지교회들에게 그들의 재정 능력에 적합한 숫자의 신학생들을 맡길 수도 있다. 재학 중에는 신학생들에게 전도사라는 명칭과 그것에 수반되는 사역을 맡기지 않는다는 조건으로 말이다. 그렇다고 신학생들에게 주일학교 교사나 성가대원 같은 간단한 사역까지 맡기지 말자는 말은 아니다. 신학생도 지교회의 한 멤버인만큼 일반 평신도들처럼 교회의 한 구성원으로서 충실한 교회 생활을 할 것이므로 기본적인 교회 봉사와 활동에는 참여해야 한다. 그런 정도의 봉사는 목사 후보생으로서 미래 사역의 준비에 부담이 되지 않을 것이다.

외국의 예

선진 외국에서는 교단이 신학대학원생들의 기본적인 재정을 책임지는 제도가 이미 확립되어 있다. 미국 장로교(PCUSA)나 남침례회(Southern Baptist Convention)의 신학교들은 신학생들의 학비를 전액 장학금으로 지급하고 있고, 대부분의 학생들에게 얼마간의 생활비까지 제공하고 있다. 미국장로교에도 노회의 연례 신학생 면담이 있다. 우리 나라 식으로 말하자면 신학대학원생의 '신학 계속 허락 청원'을 심사하기 위한 노회의 면접이다. 미국 장로교회들은 이 면접에 소요되는 모든 비용을 노회가 부담한다. 가령 캘리포니아 노회 출신의 어느 청년이 동부의 신학교로 진학했다 하자. 거기서 공부하던 학생이 노회와의 연례 면접을 위해 일 년에 한 번 서부로 간다 하면 비행기로 여섯 시간이나 걸리는 거리이기 때문에 왕복 비행기 요금과 숙박비 등이 꽤 많다. 그렇지만 이 모든 비용은 학생이 아니라 노회가 직접 부담한다. 과거 필자가 신학교에 다닐 때 어떤 노회에서는 '신학 계속 허락 청원' 심사를 위한 몇천 원의 면접 비용을 가난한 신학생들에게 징수하기도 했다. 요즘은 한국 교회에 그러한 일이 없으리라 믿는다.

한국 교회에서 신학생 전도사 제도는 너무나 보편화되었고, 그 뿌리가 깊기 때문에 폐지하자는 주장에는 여러 가지 질문들과 반발들이 따를 것으로 예상된다. 그래서 이러한 주장을 처음으로 접하는 많은 사람들이 자주 제기할 것으로 예상되는 질문들과 염려들에 대한 대답을 다음과 같이 정리해 보았다.

4. 반론에 대한 답변

반론 1: "목회 준비는 신학 공부뿐 아니라 교회 사역을 통해서도 이루어
　　　지지 않는가?"
답　변: 그렇다. 그러나 목회 실습은 강도사 기간에 해야 한다.

좋은 목사가 되기 위해서는 목회 실습이 필요하다. 목회를 위해서는 이론적 준비와 함께 실천적 훈련도 쌓아야 한다. 의사에 비하자면 인턴이나 레지던트 같은 기간이 될 것이며, 판검사로 치면 사법 연수원 기간이 될 것이며, 교사로 치면 교생 실습 기간이 된다. 문제는 목사 후보생들이 그것을 언제 해야 하는가 하는 것이다. 결론부터 말하자면 목회 실습은 3년 간의 신학 수업이 끝난 후, 즉 신학대학원을 졸업하고 안수 받

기 전의 1~3년 간의 강도사 기간 중에 이루어져야 한다. 본래 강도사나 준목 제도 자체가 목회 실습을 위한 기간이다. 혹은 미국의 어떤 교단들처럼 신학대학원 재학 중, 1학년이나 2학년 과정을 마친 후에 1년 정도 학교 공부를 쉬면서 풀 타임으로 목회 실습 기간을 가질 수도 있다. 현재 한국 교회에서 이루어지는 방식처럼 공부하면서 전도사직을 수행하게 하는 것은 사실상 공부와 실습 중 어느 쪽도 제대로 못하게 만드는 방식이다. 현재처럼 목회 실습을 신학 공부와 병행시키는 방식, 그것도 단순한 실습이 아니라 생계가 걸려 있는 직업으로 목회 실습을 하게 하는 것은 아주 잘못된 일이다.

인간의 능력은 한계가 있다. 대부분의 인간에게는 신학대학원 공부한 가지만 감당하기도 벅차다. 해야 할 공부와 훈련이 너무 많고 중하기 때문이다. 한편 장년들이든 학생들이든 영혼들을 책임지는 교역자의 직을 수행한다는 것도 매우 중한 일이다. 그것은 평신도들이 교회 봉사를 많이 하는 것과는 다르다. 왜냐하면 교역자에게는 자기가 맡은 부서, 혹은 영혼들에 대한 책임이 따르기 때문이다. 평신도들에게는 교회 일을 하는 것이 일종의 자원 봉사인 셈이다. 그들은 거기서 별다른 성과가 없어도 크게 부담될 것이 없고 누구에게 책임을 추궁당하지도 않는다. 그러나 교역자들은 다르다. 특히 성장을 중시하는 한국 교회 분위기 속에서 신학생들이 전도사직을 맡아 어떤 부서를 담당하게 되면, 그 결과에 대해 책임을 져야 하기 때문에 그들은 임명권자인 당회 또는 당회장에 대해 큰 부담을 가지게 된다. 그처럼 부담되는 일을 공부하는 신학생이 어떻게 감당할 수 있는가? 혹 감당할 수 있다 해도 그것은 자기 본분인 공부와 수양을 많이 희생시킨 대가일 것이다. 경험과 지식이 부족한 신학생들이 공부와 목회 양자 모두를 성공적으로 수행한다는 것은 근본적으로 불가능한 일이다. 그러나 현실적으로는 대부분의 신학생들이 양자를 다 그럭저럭 병행해 나가고 있는 것처럼 보이나 겉으로만 그렇게 보일 뿐 사실 그들이 양자를 다 제대로 하고 있는 것은 아니다. 그들은 초인이 아니기 때문이다. 그럼에도 불구하고 그들이 두 가지를 다 잘 해 나가는 것처럼 보이는 것은 앞서 언급한 것처럼 신학대학원들이 학생들의 처지를 감안하여 표준을 낮추어 주고 있기 때문이다. 본래는 그처럼 낮은 평가의 기준을 적용해서는 안 되지만, 거의 모든 학생들이 그러한 형편에 처해 있기 때문에 학교가 어쩔 수 없이 기준을 하향 조정한 것이다.

목회 실습은 3년 간의 신학 수업을 마친 후에 풀 타임으로 충실히 해야 한다. 법과 대학생들이 법대에 들어가자마자 장차 실무 경험이 필요하다는 명목으로 법원에 가서 파트 타임으로 재판을 하는가? 그렇지 않다. 그들은 법대에서 4년 간 법률을 공부한 후 사법 시험에 합격하고도 재판에 임하지 않고 다시 사법 연수원에 가서 2년 간의 실습 기간을 거친다. 의사가 될 사람들도 의대에 들어가자마자 임상 경험을 쌓는다는 명목으로 환자를 치료하지 않는다. 예과 과정은 물론 심지어 본과 과정에 가서도 그들은 환자를 책임지거나 치료하지 않는다. 기껏해야 견학을 할 뿐이다. 의술 실습은 6년이라는 긴 세월의 의학 공부가 끝난 후, 3년 간의 인턴이나 레지던트 기간 중에 이루어진다. 육신의 생명과 재산을 다루는 직업들의 실습도 이처럼 긴 세월의 이론적 공부를 거친 후에 이루어지는 데, 하물며 영혼을 다루고 영적 생명을 취급하는 목회랴! 목사든 평신도든 한국 교회에서 목회가 의술이나 재판보다 덜 중요하거나 덜 어려운 일이라고 말할 사람은 아무도 없을 것이다. 그러나 실상은 목사도 교인들도 영혼을 돌보는 일을 너무나 대수롭지 않게 여기고 있다. 소정의 기간 동안의 훈련과 학업을 쌓지 못한 신학생들에게 영혼들—그것이 어린 영혼이든, 어른의 영혼이든 영혼을 돌보는 일은 근본적으로 마찬가지다—을 책임지운다는 것은 목회를 대수롭지 않은 일로 여긴다는 증거가 아닌가?

한국 교회에서는 어제까지 교회에서 그저 대학생에 불과했던 사람도 오늘 신학교에 입학하면 당장 전도사로 불리워진다. 그리고 그는 대개의 경우 교회에서 한두 교육부서의 영혼들을 책임지는 교역자로 일하게 된다. 도대체 그에게 어떤 변화가 일어났기에 하루아침에 목사가 되었는가? 그 학생은 장차 목사가 되기 위한 준비를 하려고 신학교로 갔다. 목회 준비로써의 신학 수업을 이제 막 시작한 것이다. 그런데 한국 교회는 그가 단지 신학교에 입학했다는 이유만으로 목사의 자격을 갖춘 것으로 간주한다. 이제 막 목회 준비를 시작하러 온 사람을 사역할 조건이 다 구비된 사람으로 여긴다는 것은 얼마나 우스꽝스러운 일인가?

모든 일에는 때가 있다. 공부해야 할 때가 있고, 목회를 해야 할 때가 있으며, 목회 실습을 해야 할 때가 있다. 진정한 목회는 신학대학원 졸업 후 안수를 받고 나서 해야 한다. 신학생들이여, 당신들은 앞으로 목회를 할 기회가 3, 40년이나 있는 사람들이다. 그 40년을 위해 서두르지 말고 준비에 전념할 수는 없는가? 당장은 별로 훈련받은 것 없이도 교회에서 남녀 노소 교인들로부터 "전도사님, 전도사님!" 하는 대접을 받는 것이 어떤 만족을 줄지 모른다. 그래서 정식 교역자처럼 대접받는 전도사직이 신학생들에게 상당한 매력이 될 수도 있다. 그러나 조심하라! 당장은 달콤하지만 장기적으로 그것은 평생의 목회를 놓고 볼 때 큰 손실이 될 수 있다. 특권은 3년이지만 고통은 30년, 40년이 될 수 있다. 부실하게 준비해서 목회자로 목회 일선에 임하게 되면 평생 어려움을 겪게 되지 않겠는가?

반론 2: "공부만 하면 영성이 약해지지 않는가?"
답 변: 그렇다. 그러나 영성 훈련의 시간을 내기 위해 신학생 전도사 제도는 폐지되어야 한다.

공부만 하면 영성이 약해질 위험이 있다. 그러나 신학생 전도사 제도를 없애자는 것은 신학대학원생이 꼭 지적 훈련만 해야 한다는 말은 아니다. 그것은 바로 영성 훈련을 위한 시간을 확보하기 위해서이기도 하다. 목회를 위한 준비가 공부만이 아니라 경건의 훈련을 포함한다는 말은 지극히 타당하다. 영성의 훈련을 지성의 훈련 못지 않게 중요하다. 그런데 문제는 영성 훈련의 방법은 무엇으로 생각하는가 하는 것이다. 영성을 훈련하는 가장 중요한 방법은 규칙적으로 성경을 깊이 묵상하고 기도하는 것이다. 흔히 교회 일을 영성 훈련의 수단으로 착각하는 경향이 있다. 그러나 기억해야 할 것은 사역 자체가 영성과 경건을 배양시켜 주는 것이 아니라는 사실이다. 목회 사역은 그 자체로서 목적이지, 다른 목적을 위한 수단일 수 없다. 그렇기 때문에 신학생들의 전도사 노릇은 그들의 영성 훈련에 오히려 지장이 된다. 왜냐하면 교회의 전도사라는 과중한 책임은 개인 경건을 훈련하는 데 사용할 시간을 상당 부분 빼앗기 때문이다. 게다가 신학생들은 공부하랴, 사역하랴, 언제 성경을 깊이 묵상하면서 진지하게 기도할 것인가? 실제로 신학교에 온 후, 오기 전보다 성경을 더 적게 읽게 되었다고 말하는 학생들이 많다. 그런데 그들이 학교 수업이 없는 자유로운 시간의 대부분을 교회 일을 해야 한다고 생각해 보라. 무슨 재주로 경건의 시간을 확보할 수 있겠는가? 그러므로 신학생 전도사직을 폐지해야 하는 중요한 이유 하나는 신학생들에게 조용히 기도하고 성경을 묵상할 경건의 시간을 확보해 주기 위해서이다. 전도사로 유급 교회 사역을 하지 말라는 말은 공부만 하라는 말이 아니요, 오히려 영성 훈련을 위한 시간을 가지라는 말이다.

반론 3: "교육 전도사 제도를 없애면 주일 학교는 누가 담당하나?"
답 변: 본래 교회 자녀들의 신앙 교육은 신학생이 아니라 목사와 부모
들의 책임이다.

신학생 전도사 제도를 없애자고 하면 사람들의 머리에 가장 먼저 떠오르는 의문은 영아부부터 시작해서 중·고등부, 대학부 등의 주일 예배는 누가 인도하며, 이 부서에 속한 학생들의 신앙 교육은 누가 담당할 것인가 하는 염려일 것이다. 한국 교회는 지금까지 교육 부서들을 당연히 신학생들이 담당하는 것으로 알아 왔기 때문에 신학생 전도사 없는 주일 학교를 상상하기란 쉽지 않다. 그러나 신학생이 우리 자녀들의 종교 교육을 담당하는 것은 2천 년 기독 교회의 전통에서 그 유례를 찾아볼 수 없는 한국적 방식이라는 사실을 기억해야 한다. 특히 장로교 전통에서는 본래 목사들과 부모들이 자녀들의 종교 교육을 책임지기로 되어 있다.

장로교회에서 목사의 본분

장로교 목사의 고유한 책임은 말씀의 교육이다. 그래서 장로교 목사를 '말씀과 성례의 종(a minister of Words and Sacraments)' 이라 부른다. 이것이 의미하는 바는 교인들에게 성경을 가르치고 종교 교육을 실시하는 것은 목사에게 주어진 고유의 책무라는 것이다. 아직 자격이 충분히 구비되지 않고 가르칠 준비가 되지 않은 신학생들이 함부로 하나님의 말씀을 '설교' 할 수 없다는 말이다. 언약 교리에 따라 교인들의 자녀들도 모두 하나님의 언약의 백성들로서 교회의 일원에 속한다. 그렇다면 그들에게 성경이나 교리를 가르치고 설교하는 것은 목사의 책임이다. 실제 네덜란트 개혁 교회 같은 곳에서는 평일 저녁에 목사가 아이들을 불러모아 놓고 교리 문답 교육을 실시하고 있다.

심방은 주로 장로의 직무

이렇게 말하면 대부분의 한국 교인들은 또 다음과 같은 의문을 가지게 될 것이다. 교인 자녀들을 위한 교리 교육이나 설교까지 목사가 담당한다면 목사들이 시간을 많이 빼앗길텐데, 그렇게 할 경우 성인 가정 심방을 위한 시간이 크게 줄어들지 않을까 하는 것이다. 그러나 이 문제도 장로교의 본래 원칙으로 돌아가면 자동적으로 해결된다. 한국 교회에서는 대부분 목사가 교인들을 심방하는 것이 관행이 되어 있으나, 이것도 기독교가 한국에 들어와 변질된 양상들 가운데 하나다. 본래 장로교 헌법에 의하면 심방은 주로 장로의 직무다.

> "치리 장로는 … 교인을 심방하되, 특히 병자와 조상자를 위로하고 무식한 자와 교회 내의 믿음의 어린이를 기르고 살필 것이며 … 교인과 함께 기도하고 위하여 기도하고 설교의 결과를 교인 중에서 찾아보며, 질병과 슬픔을 당한 자와 회개하는 자와 특별히 구조를 받을 자가 있을 때에는 목사에게 보고한다."[5]

그런데 한국 장로 교회에서는 언제부터인지 장로들은 심방을 거의 하

---

5) 대한 예수교 장로회(고신) 헌법, 교회 정치, 제 5장 24조.

지 않는 것이 전통이 되어 버렸다(그 배경에는 세계에서 가장 길었던, 그리고 지금도 여전히 긴 한국 사회의 노동 시간이 관련되어 있을 것이다). 한국 교회에서 장로의 직무는 단지 교회를 다스리는 것, 즉 치리뿐인 것처럼 인식되고 있다. 그러나 이것은 정상이 아니다. 만일 한국의 장로교회가 장로교 본래의 방식을 회복해서 장로들로 하여금 심방과 교인들의 영적 시찰을 맡게 한다면 목사는 종전까지 심방에 할애하던 많은 시간을 교인 자녀들의 종교 교육에 할애할 수 있을 것이다.

시간과 물질 중 하나를 더 드려야

만일 그 교회의 모든 장로들이 직업상의 일 때문에 도무지 심방할 시간을 낼 수 없다면 청소년 전담 목사를 청빙해서 그들로 하여금 교회의 자녀들 신앙 교육을 담당하게 할 수 있다. 이 경우 신학생들을 채용하는 것보다 당연히 재정 부담이 조금 더 늘어나겠지만 자녀들을 영적으로 훌륭하게 양육하기 위해서라면 교인들이 헌금을 더 해야 하지 않겠는가?[6]

실제적으로 심방의 필요성이 많은 교회에서 장로들이 그 일을 하지 않기 때문에 부득불 목사가 심방을 해야 한다면 그것은 교회에 불행한 일이다. 왜냐하면 목사는 그만큼 설교 준비를 위한 시간을 빼앗기게 될 것이고, 그 결과 강단이 빈약해질 것이기 때문이다. 물론 빈약한 꼴을 공급받는 교인들은 영적 영양 실조에 걸리게 될 것이다. 결국 전도사 신학

---

6) 어쩌면 재정 부담이 더 늘어나지 않을 수도 있다. 왜냐하면 전임 목사 한 사람이 여러 부서를 맡을 때 각 부서마다 배치되어 있던 여러 신학생 전도사들의 몫을 감당할 수 있을 것이기 때문이다.

생 제도는 교인들의 영적 손실로 이어지는 셈이다.

학생 예배가 꼭 필요한가?

한국 교회가 신학생 전도사를 필요로 하는 가장 큰 이유는 교회의 교육 부서에서 주일 예배를 인도하도록 하기 위해서이다. 그러나 원론적으로 말해서 학생들끼리 따로 예배를 드릴 필요가 있는가에 대해 필자는 회의적이다. 학생들만의 모임이 필요할지는 모르지만, 그 모임에서 꼭 설교라는 형식으로 그들만을 위한 메시지가 전해지고 예배 형식이 동반되어야 하는가는 의문스럽다. 중학생 이상, 늦어도 고교생 정도 되면 성인들이 듣는 설교를 웬만큼 이해할 수 있게 되므로 그들은 부모와 함께 성인 예배에 참석할 수 있지 않은가? 온 교인이 함께 참석하는 예배가 끝나면 중고생들은 부서별로 모여 친교하거나 평신도 지도자가 인도하는 성경 공부 반에서 분반 공부를 할 수 있다. 그리고 교육 부서의 행정적 책임은 주일 학교 부장급의 성숙한 평신도들이 맡으면 된다. 그렇게 하면 그 부서를 위한 교역자가 별도로 필요하지 않게 된다.

흔히, 중·고등부는 또래 집단의 고유한 영적 필요가 있고 그것을 채우려면 별도의 메시지가 필요하기 때문에 따로 예배를 드린다고 한다. 그러나 과연 성인들의 그것과 구별되는 또래 집단의 영적 필요가 그처럼 일 년 내내 매주 설교로 다루어야 할 만큼 다양하게 존재하는지 의문이다. 설령 중등부나 고등부의 특별한 영적 필요가 존재한다 해도 그것은 특별히 기독교 교육을 공부한 목사나 전문가들이 충족시킬 수 있는 성질의 것이지 이제 신학의 기초를 배우는 중에 있는 신학생들이 채워줄 수는 없다. 따라서 어떤 교회의 학생 수가 워낙 많고 교회 재정이 넉넉해서 꼭 그들만의 별도의 예배를 드리는 프로그램이 있어야 한다면,

신학 외에도 기독교 교육학을 공부한 교육 목사를 채용해서 학생 예배를 인도하고 메시지를 전하며 그들의 신앙 교육을 담당하게 할 수 있을 것이다.

교역자에 대한 지나친 의존성은 미성숙의 표현

모든 학생 부서마다 교역자가 있어야 한다는 것은 성숙치 못한 생각이다. 우리 한국 교인들은 너무 '교역자 의존적'이다. 자기 발로 서는 훈련이 너무 안 되어 있다는 말이다. 모든 일에 교역자가 주도해 주어야 신앙 생활이 가능하다고 느낀다. 이것은 건전한 양상이 아니다. 평신도들도 자치적으로 할 수 있는 일은 최대한 자치적으로 해야 하며, 그렇게 할 수 있도록 훈련을 쌓아야 한다. 언제까지나 신앙적 유아로서 모든 면에서 교역자를 의지하려 할 것인가? 나이가 들었는데도 재정적으로나 정서적으로 부모에게 의지하고 모든 사소한 일에까지 부모 없이는 아무 것도 할 수 없다고 느끼는 자녀는 결코 정상이거나 건강한 성장을 하고 있다고 볼 수 없다. 신자와 교역자의 관계도 마찬가지다. 교역자 없이는 어떤 모임도 가질 능력이 없는 신자는 미성숙하다고 책망 받아야 한다. 신학교 1, 2학년에 다니는 20대의 청년이 없으면 40대 집사와 권사들이 있어도 구역 예배를 드릴 수 없다고 느낀다면, 그 구역은 영적으로 너무나 미성숙하다고 말할 수밖에 없다 목사들은 꼭 필수적인 몇 가지 사항 외에는 교인들이 영적으로 자립할 수 있도록 유도해야 한다. 항상 자기에게 의존하는 교인들을 볼 때마다 자기 존재의 중요성을 확인할 수 있다고 뿌듯해 하는 목사들이 혹 있을지 모르나 만일 그러한 이유 때문에 교인들이 늘 교역자인 자기에게 의지하도록 양육해서는 안 된다. 그것은 하나님 앞에서 좋지 못한 일일 뿐 아니라 장기적으로는 자기 교회를 무력화시키는 어리석은 일이다. 영적 유아들만 가득한 곳은 유치원이나 유년 주일 학교는 될 수 있을지언정 힘 있고 건강한 교회가 되기는 어렵다.

주일학교 교육의 한계

성경적으로 말해서 자녀의 영적 교육에 일차적 책임을 지는 가장 중요한 주체는 부모다. 교인 자녀들의 종교 교육을 신학생이 아닌 목사가 맡는다 해도 목사가 교회의 청소년들과 접할 수 있는 기회와 시간은 극히 제한적이다. 기껏해야 일주일에 한두 번, 두세 시간 정도에 불과하다. 반면 자녀가 부모를 대하고 만나는 것은 매일 여러 시간이다. 즉 자녀는 부모의 절대적 영향하에 있다. 그러므로 자녀의 영적 성장에 대한 일차적 책임은 부모에게 있다. 부모, 특히 아버지는 가정의 제사장으로 자녀의 영적 복지를 책임져야 한다. 부모들은 자기 자녀가 유아 세례를 받을 때 온 회중 앞에서 자녀의 영적 양육을 책임지기로 서약했다. 그들은 목사의 다음과 같은 질문에 모두 "예"라고 대답한 적이 있다.

"그대는 지금 완전히 이 아이를 하나님께 바치며, 겸손한 마음으로 하나님의 은혜를 의지하며, 친히 경건한 본을 이 아이에게 보이기를 진력하며, 그를 위하여 기도하며, 그와 함께 기도하며, 우리의 거룩한 종교의 도리를 가르치며, 하나님이 지시하신 모든 기관에서 진력하여 그를 주의 양육과 교훈에서 장성하게 하기를 서약합니까?"[7]

---

7) 대한예수교장로회(고신) 헌법, 예배 모범 제9장 5조 3항

그렇다면 그 서약을 지켜야 한다. 최소한 지키기 위해 노력이라도 해야 한다.

자녀들의 신앙에 대한 부모의 일차적 책임

요컨데 그리스도인 부모들은 자녀들의 영적 양육에 관심을 가지고 자기의 책임을 수행해야 한다. 그 중요한 일을 다른 사람들에게 일임해 버리는 것은 무책임하고 어리석은 일이다. 더군다나 아직 배우고 양육 받는 입장에 있는 연소한 신학생들에게 그 일을 맡겨 버리는 것은 무모한 일이다. 그러나 많은 한국 교회 교인들이 자기 자녀들의 종교 교육을 신학생들에게 맡겨 버리는 것은 무엇 때문일까? 그것은 아마 자녀들의 신앙 성장에 대해 진지한 관심이 결여되어 있기 때문이다. 어쩌면 '어린 아이들의 신앙 교육을 위해 목사까지 동원할 필요가 있는가?'라고 생각할지 모른다. 그렇다고 해서 직장 일에 바쁜 아버지가 자녀들의 종교 교육을 담당할 시간도 없고, 시간이 좀 있다 해도 그것이 귀찮은 일로 여겨질 수 있다. 혹은 그 중요성을 인식하는 부모라고 해도 자녀들을 영적으로 지도할 능력이 자기에게 없다고 느끼는 경우가 있을 것이다. 결국 가장 손쉬운 해결책은 큰돈이 들지 않는 신학생들을 채용해서 그들에게 '전도사'라는 임시직을 부여하고 자녀들의 종교 교육을 맡겨 버리는 것이다.

그러나 아무도 부인할 수 없는 사실은 아이들의 영혼이라고 해서 어른들보다 덜 중요하거나 가치가 적은 것은 결코 아니라는 것이다. 또 학생 사역이 성인들 목회보다 결코 쉬운 것도 아니다. 오히려 사춘기에 있는 고등 학생 시절은 어른들보다 문제가 더 많은 연령이기 때문에 그들을 위한 사역은 성인 사역보다 훨씬 더 어려울 수 있다. 그런데 어떻게 그 힘들고 중요한 사역을 아직 사역의 준비가 안 되었으며, 자기 일을 처리하기에도 벅찬 형편에 놓여 있는 신학생들에게 맡길 수 있겠는가?

많은 그리스도인 부모들이 아이들을 먹이고 입히고 세상 교육을 받게 하기 위해서는 엄청난 투자를 한다. 각 가정이 자녀들의 과외비에 지출하는 금액을 생각해 보라. 그러나 그들이 자녀들의 영적 성장을 위해서는 어느 정도의 시간과 물질을 투자하고 있는가? 그리스도인 부모들이 자기 자녀들의 육신적 성장과 세상적 복지를 위해 투자하는 돈의 십분의 일이라도 자녀들의 영적 복지를 위해 투자한다면 자녀들의 영혼과 인격에 놀라운 일이 일어날 것이다.

그리스도인 아버지들은 관심과 시간의 일부를 자녀들의 영적 지도를 위해 할애해야 한다. 그들과 함께 가정 예배를 드리면서 성경을 가르치고 함께 기도하는 데 시간을 사용해야 한다. 물론 쉬운 일은 아니다. 부모 자신이 먼저 성경을 알고 영적으로 훈련되어 있어야 할 뿐 아니라 어떤 경우에는 아버지가 직장에서 일찍 귀가하거나 일을 줄여야 하기 때문이다. 그럼에도 불구하고 그리스도인 부모들은 그렇게 해야만 한다. 그 외에는 이 불신 세상에서 자녀들의 신앙을 지켜 줄 길이 없기 때문이다.

맺음말

한국 교회는 신학생들의 신분을 직시해야 한다. 그들은 교역자가 아니라 교역자가 되기 위한 훈련의 도상에 있는 학생들이다. 단지 신학교에 입학했다는 사실이 그들을 당장 평신도들과 구별시켜 주는 것은 아니다. 그들은 아직 목자가 아니라 양이다. 그들은 안수 받은 목사도 아니요, 설교권을 허락 받은 강도사도 아니다. 그럼에도 어찌된 셈인지 한국 교회들은 그들을 교역자인 양 인식하는 경향이 있다.

어떤 이들은 신학생들이 소명을 받아 신학교에 왔으니 일찍 사역을 시작해도 좋은 것이 아니냐고 생각할지 모른다. 그러나 소명이 즉각적으로 목회 사역에 뛰어들 자격을 부여한다면 3년 간의 신학대학원 교육은 목사가 되기 위해 꼭 필요한 과정이 아니라는 말이 된다. 목사가 되기 위해 신학대학원 교육이 꼭 필요한 것은 아니지만 받아 두면 더 좋은 것 정도에 불과하다는 말이다. 그러나 그것은 잘못된 생각이다. 아무리 경건하고 믿음이 좋다 할지라도 이 시대에 하나님의 백성들을 말씀으로 인도하는 지도자의 책임을 제대로 감당하려면 신학대학원 교육을 받아야 한다. 극히 드문 경우를 제외하고는 그것이 보편적인 법칙이다. 어떤 사람이 목사의 소명을 받았다면 이제 그 소명을 감당하기 위해 준비의 시간을 가져야 한다. 한 사람의 주관적 소명은 신학대학원 3년의 교육과 훈련 과정을 통해 객관적으로 증명되고 보강되어야 한다. 신학대학원 3년의 교육을 성공적으로 이수하기 전에는 아무도 아직 공식적 목회 사역을 할 입장에 있지 않다.

신학생 자신들을 위해서도 신학대학원 3년 동안은 충실히 배우고 준비하는 것이 현명한 일이다. 아직 배워야 할 사람이 가르치겠다고 성급히 나서는 것은 올바른 태도가 아니다. 목사로서의 지적, 영적 준비 기간으로 마련된 신학대학원 3년은 사실상 짧은 세월이다. 그 때가 지나고 나면 다시는 본격적으로 교육받을 수 있는 기회가 오지 않는다. 특히 한국 교회처럼 목사의 업무가 많은 곳에서는 더욱 그러하다.

한국 교회여! 이제 신학생 전도사라고 하는 설익은 과일을 따먹을 생각을 버리고 과실이 무르익기를 기다리자. 우리 사회는 너무 성급하게 결과를 즐기려는 경향이 있다. 옛날에는 고교 야구 선수들, 특히 투수들을 너무 많은 대회에 출전시켜 혹사시키는 바람에 그들의 가능성이 만개 되기도 전에 어깨가 망가져 선수 생명이 끝나 버리게 되는 일들이 종

종 있었다. 교회들이 아직 준비가 되지 않은 신학생들을 교회 일에 종사
하게 하면 그들이 정말 필요할 때 그들을 통한 축복을 누릴 수 없게 된
다. 그러므로 신학생들이 신학교에 다니는 동안은 영적, 지적 준비에 전
념할 수 있게 해 주자. 그들로 하여금 학생 시절에 많이 읽고 생각하고
깊이 기도함으로 지성과 경건을 개발하는 데 착념할 수 있게 해주자. 그
들이 교회 '전도사'의 무거운 일을 맡지 않더라도 마음껏 장래 사역을
준비할 수 있는 여건을 마련해 주자. 그렇게 할 때 불과 수년 후에는 훌
륭한 목사들이 개체 교회들로 공급되어 한국 교회 강단에서 내용 있고
은혜스러운 설교가 넘쳐나게 될 것이요, 교인들은 마음으로 존경하고
따를 수 있는 목사들을 모시게 될 것이요, 조국 교회에는 영광스러운 부
흥과 성령의 부으심이 임하게 될 것이다.

2장 신학대학원 교육 수준 향상의 필요성

신학대학원들의 교육 실정

한국 대부분의 신학대학원들의 교육 여건은 솔직히 초·중등 학교보다도 더 열악하다. 요즘 초등 학교나 중등 학교에서도 한 반에 50명 이상을 수용하는 경우는 극히 드물다. 교육학자들이나 일선 교사들은 그것도 선진국에 비하면 열악하다고 해서 한 반 정원을 30명 이내로 줄여야 한다고 지적한다. 대학의 경우는 대학 평가제가 시작된 후, 교수 1인당 학생 수가 30명 이내로 줄어들었다. 아무리 시원찮은 석사 과정이라 하더라도 일반 학문의 석사 과정은 한 클래스에 학생 수가 이삼십 명을 넘는 경우는 극히 드물다. 그러나 한국의 신학대학원 석사 과정에서는 한 클래스에 백 명이 넘는 경우가 허다하다. 백 명은커녕 어떤 신학대학원에서는 한 클래스에 이삼백 명이 넘는 경우도 많다고 한다.

한국의 목사 양성 과정의 수준이 이러한 형편에 어떻게 21세기의 영혼들을 지도할 영적, 정신적 지도자들이 양성될 수 있겠는가? 사회는 나날이 복잡해지고 세상은 하루가 다르게 발전하고 있다. 그러나 한국 신학대학원들은 아직도 많은 점에서 백 년 전 한국에 기독교가 처음 전파되던 시절, 아니면 50년 전 해방을 맞이하던 그 시절의 교육 수준과 방식을 답습하고 있는 인상이다. 이런 가운데 교회가 지속적으로 성장하여 사회에 영적, 정신적 리더십을 제공할 수 있기를 기대한다는 것은 터무니없는 일이다.

한국의 신학대학원들의 교육의 질은 사실 사설 학원들에 비해 뒤떨어지는 것이 아닌가 싶다. 요즘 대입 학원에서도 한 클래스에 학생이 너무 많으면 학생들이 모이지 않는다고 한다. 어느 사설 학원이 한 교실에 일이백 명, 심지어 삼사백 명을 수용하고 강의를 하는가? 그러나 한국의 신학대학원들에서는 그러한 일들이 예사로 이루어지고 있다. 강연이나 연설도 아닌데 한 클래스에 수백 명을 모아 두고 강의를 하니 교육이 제대로 이루어질 수가 없다. 솔직히 말해서 이것은 '교육을 하고 있는 것'이라기보다는 오히려 '장사를 하고 있는 것'에 더 가깝다. 그렇게 해도 학생들이 몰려와 주니 놀라운 일이기는 하다. 어떤 사람들은 그런 현상을 한국 교회에 대한 하나님의 축복이라 부르지만, 과연 그런 축복이 언제까지 계속될지는 의문이다.

이러한 여건 속에서 신학교육을 행할 수 있는 유일한 방법은 교수의 일방적 강의다. 수백 명을 대형 강당에 모아 놓고 교수가 마이크를 잡고 강의하는 것으로 교육이 된다고 생각하면, 한꺼번에 수백 명이 아니라 수천 명도 교육할 수 있다. 그러나 과연 그것이 제대로 된 교육이라 할 수 있겠는가? 더군다나 목사 후보생들을 양육하는 과정이 이처럼 대량생산 체제로 진행되는 것이 바람직한가? 학생들의 질문이나 발표라든지, 토론은 생각할 수도 없고, 교수가 학생들과 인격적 관계를 가지거나 그들을 개인적으로 지도하는 것이 불가능한 형편 속에서 과연 훌륭한 목사들이 배출될 수 있겠는가?

백 명 이상의 성인 학생들이 꽉 차 있는 강의실에서는 학생들이 질문을 하는 것도 불가능하다. 왜냐하면 앞자리에 앉아 있는 학생이 육성으로 교수에게 질문을 하면 뒤에 있는 학생들에게는 그 내용이 들리지도 않기 때문이다. 학기말 시험이 되면 학생들은 수업 시간에 받아 적어 둔 강의 내용을 그대로 앵무새처럼 외워서 답안지에 옮겨 적고, 문을 나서는 순간 그 내용들을 거의 다 잊어버린다. 교수들은 학생들이 자기 강의안을 얼마나 철저히 외웠는가 하는 기준에 의해 채점을 함으로써 그 과목의 교육을 끝낸다. 이러한 방식의 교육을 통해 학생들이 창의적 사고력과 적극적인 학습 태도, 즉 스스로 문제를 제기하고 그에 대한 해답을 찾기 위해 책을 읽고 연구하는 주체적 학습 능력을 개발하는 것은 불가능하다. 그들은 그저 학점을 이수하고 자격증을 얻기 위한 최소한의 학습을 마지못해 감당하는 수동적 체질의 인간들로 변해 갈 뿐이다.

신학대학원들의 낮은 교육의 질

앞장에서 언급한 것처럼 한국 신학대학원들의 수업은 주로 화, 목요일 이틀에 집중된다. 이러다 보니 이 이틀 동안에는 아침 첫 시간(대개 오전 9시에 시작된다)부터 저녁 늦게까지(저녁 6시경에 끝난다) 수업이 꽉 차 있다. 경건회 한 시간을 제외하고도 학생들은 하루에 여섯 또는 일곱 시간의 강의를 연속적으로 들어야 한다. 하루 종일 제 자리에 앉아 강의를 들으며 필기를 하다 보면 아무리 젊은 학생들이라 하더라도 강의가 끝날 저녁 무렵에는 지칠 수밖에 없다. 그처럼 지친 몸으로 저녁 식사를 한 후 밤 시간에 자습을 한다 한들 얼마나 할 수 있겠는가? 멀리서 통학하는 사람들은 두말 할 것도 없고 기숙사 생활을 하는 학생들도 저녁 식사 후 조금 쉬고 나면 남는 시간이 얼마 없다. 취침 때까지 남은 두서

너 시간을 이용해서 다음 날 제출해야 하는 숙제를 처리하거나 퀴즈 시험 준비하기에도 시간이 모자랄 지경이다.

도대체 한국의 신학대학원생들은 스스로 책을 읽고, 생각하고, 공부할 시간이 거의 없는 실정이다. 신학대학원에서 획득하는 지식이라야 고작 수업 시간에 교수가 불러 주는 강의가 전부다. 명색이 석사 과정이지만 한국의 신학대학원 석사 과정만큼 피상적인 교육이 이루어지는 과정은 찾아보기 어려울 것이다.

신학대학원 교육이 제대로 이루어지려면 교수의 강의 듣는 것 외에 많은 시간을 신학생들 스스로 공부해야 한다. 교수가 강의 시간에 소개해 주는 책들을 도서관에서 찾아 읽고, 생각하고, 글을 써 보아야 한다. 매 학기마다 한 주제나 몇몇 주제에 특별한 관심을 가지고 그것들에 대한 자료들을 찾아, 읽고, 분석하고, 소논문을 쓰는 훈련을 해야 한다. 또 신학대학생들은 재학 중에 동료 학생들과 함께 신학적인 토론을 하고 대화하는 시간을 많이 가져야 한다. 그러자면 강의실에서 교수가 불러 주는 내용을 공책에 베껴 적는 것 외에 신학생들에게 많은 자습 시간이 필요하다. 사실 신학대학원생쯤 되면 강의 시간보다 자습 시간이 훨씬 더 많아야 한다. 신학대학원생들의 경우 강의는 일 주일에 열 시간 남짓이면 충분하다. 그러나 스스로 독서하고 공부하는 자습 시간은 그 몇 배가 되어야 한다.

어떤 일선 목사들은 이렇게 불평한다. "우리 교회 전도사들이나 신학대학원을 갓 졸업한 사람들에게 설교를 시켜 보면 그 수준이 너무나 불만스럽다. 설교에 아무 논리도 없고, 핵심도 없고, 지리멸렬해서 들을 수가 없다." 충분히 있을 수 있는 일이다. 왜냐하면 그 신학생이나 신학대학원 졸업생은 대한 민국에서 초·중등 교육과 신학대학원을 포함한 고등 교육 기간을 마치기까지 학교에서 논리적으로 생각하고, 글을 쓰고,

말하고, 토론하는 훈련을 받아 본 적이 없기 때문이다. 그런 훈련을 제대로 받지 못한 채 성인이 되고 설교자가 된 사람들이 어떻게 조리 있고 (coherent) 핵심 있는 설교를 할 수 있겠는가?

미국 대학에서는 이미 학부 때 교양 필수 과목으로 의사 전달 (communication), 즉 말하고 글쓰는 기술에 관한 과목을 6학점 정도 이수한다. 뿐만 아니라 전공 과정에 가서도 글쓰는 과제를 수행해야만 하는 여러 과목들을 필수적으로 이수하게 된다. 그러나 우리 나라 교육은 일방적인 주입식, 암기식 교육이 초·중등 학교뿐만 아니라 고등 교육까지 지배하고 있기 때문에 한국에서 교육을 받은 학생들이 논리적으로 사고하고 표현하는 능력을 가진다는 것은 지극히 어려운 일이다. 설교라는 것이 무엇인가? 단순화시켜 말하자면 그것은 글(설교문)을 써서 대중 앞에서 말(전달)하는 행위이다. 효과적으로 말하고 글쓰는 훈련을 받아 본 적이 없는 신학생들이 어떻게 설득력 있고 핵심이 있는 설교를 할 수 있겠는가?

그러나 그러한 일방적, 주입식 교육이 아니면 대부분의 한국 신학대학원들은 교육을 실시할 수가 없다. 한 클래스에 일이백 명, 심지어 이삼백 명, 한 학년에 수백 명, 전교에 수천 명이나 되는 학생들을 다른 방법으로 어떻게 교육할 수 있겠는가? 교수 1인당 대학원생 수가 50명 이상, 때로는 1백 명을 넘는 낙후된 교육 여건 속에서 외국의 수준 있는 신학교들처럼 교과 과정에 많은 선택 과목들을 제공하고 열 명 남짓한 학생들이 교수와 함께 테이블에 둘러앉아 토론을 하면서 수업을 진행한다는 것은 원천적으로 불가능하다.

신학생들을 대량 생산하는 교육 환경 속에서는 외국의 신학대학원들에서처럼 학생들이 소논문을 써내면 교수들이나 최소한 박사 과정의 조교들이 그것을 꼼꼼히 읽고 마지막에 단 몇 줄이라도 성의 있는 평을 달아 줄 뿐 아니라, 때로 틀린 철자까지 고쳐서 돌려주는 진지한 교육을 할 수가 없다. 자신이 맡은 학생 수가 초등 학교 담임 선생이 맡은 학생 수보다 더 많은 소위 '고등 교육' 기관의 교수는 자기가 가르치는 학생들의 이름뿐 아니라 성향과 능력을 알고, 그들과 개인적 대화를 나누면서 지도하는 인격적 교육을 수행할 수가 없다. 대학원 교육이 단지 교수의 강의안을 받아 적고 그 내용을 기말 시험 때 한 번 외워 적는 것으로 끝난다는 것은 참으로 세계 어느 곳에서도 유래를 찾기 어려운 원시적 현상이 아닐 수 없다.

설교와 글쓰는 훈련

한국의 신학대학원에 학생들이 너무 많아 양질의 교육을 수행할 수 없다는 말은 구체적으로 거기서 페이퍼(소논문) 쓰는 교육이 이루어지지 않는다는 것이다. 앞에서도 말했지만 학생들이 소논문을 쓰는 식으로 공부를 하려면 강의 시간에 교수의 강의를 듣는 것 외에도 상당한 자습 시간이 필요하다. 도서관에 가서 자기가 쓰고자 하는 주제에 관련된 자료들을 찾아 읽고, 정리하고, 묵상해서 그것을 한 편의 조리 있고 핵심 있는 글로 만들기 위해서는 강의를 듣는 데 드는 시간보다 훨씬 더 많은 시간을 투자해야 하기 때문이다. 그러나 그처럼 많은 시간은 전도사로서 이런저런 교회 일에 매이고 빡빡한 강의 스케줄에 쫓기는 한국 신학생들에게는 도무지 확보할 수 없는 시간이다. 주중에는 종일 교실에 앉아 있거나 먼 거리를 왕복해야 하고, 주말에는 교회 일에 매달리는 사람들이 언제 책이나 자료를 찾아 읽고 생각할 시간을 낼 수 있겠는가? 그것은 산술적으로 불가능한 일이다.

한편 현재와 같은 한국의 신학대학원 실정에서 글쓰는 훈련을 한다는 것이 구조적으로 거의 불가능한 하나의 이유가 있다. 이것은 학생들 편에서의 문제가 아니라 교수들 편에서의 문제다. 현재처럼 교수 일 인당 학생 비율이 1: 50, 또는 1: 100을 넘는 형편에서는 설사 신학생들이 전도사로 일하지 않고 공부에 시간을 더 많이 할애할 수 있다 하더라도 교수들이 학생들에게 페이퍼를 부과할 수가 없다. 왜냐하면 수백 명에 달하는 많은 학생들이 한 학기 내내 연구해서 성의 있게 제출한 페이퍼를 일일이 읽고 체크하면서 평을 달아 주는 것이 사실상 불가능하기 때문이다.

생각해 보라! 한 학기에 한 교수가 3백 명의 학생을 가르치고(그보다 여러 배 되는 학생들을 가르치는 학교들도 많겠지만), 한 학생이 다섯 장의 페이퍼를 제출한다고 하자. 그러면 읽어야 할 페이퍼가 학기마다 1,500장이 된다. A4용지 1,500장이면 200자 원고지 15,000장이다. 하루에 매일 A4 용지 50장씩 꼼꼼히(즉 외국 교수들처럼 일일이 평을 달아 주고 마지막에 총평 몇 줄을 적고 심지어 철자, 맞춤법 틀린 것까지 교정해 주는 식으로) 읽는다면 30일이 꼬박 소요된다. 그러한 작업은 참으로 피곤하고 힘든 일이지만, 그렇게 성실히 한다 하더라도 교수는 방학 한 달 내지 6주를 매일 페이퍼만 읽고 평가해야 한다. 한 달 간 계속 페이퍼를 읽고 평가하는 데 매달린다는 것은 거의 불가능할 뿐 아니라, 신학대학원 교수가 그렇게 방학 시간을 보낸다는 것도 문제다. 평가해야 하는 것은 페이퍼뿐 아니다. 교수들은 한 학기에 수백 명의 학생들의 중간 고사나 기말 시험 답안지 채점도 해야 한다. 수백 명의 답안지를 정확하게 채점하려면 엄청난 시간과 정력, 그리고 조심성이 발휘되어야 한다. 이 것 역시 몇 주 걸리는 작업이다. 결국 교수가 수백 명의 학생들의 성적을 제대로 평가하자면 방학 때 쉴 시간을 내기는커녕, 다음 학기 강의를 준비하거나 학문적 연구와 저술을 할 시간을 전혀 가질 수 없다. 건강을 해치지나 않으면 다행한 일이다.

그러니 현재와 같이 많은 학생들을 모집하여 무더기로 목사 양성을 하는 한국의 신학교육 풍토에서는 설사 신학생 전도사 제도가 폐지되어 학생들이 본업에 몰두할 수 있게 된다 하더라도 교수들이 페이퍼를 부과하는 교육 방식을 채택하기는 어렵다. 제일 쉬운 교육 방식은 혼자 강의를 하고, 기말 시험 때 한두 쪽의 답안지를 채점해서 성적을 주고 끝내버리는 것이다.

이런 식의 교육은 피차간에 쉽고 편안한 방법이다. 학생들은 별다른 독서나 연구 없이도 학점을 이수할 수 있다. 가만히 앉아서 교수의 입만 바라보고 있으면 된다. 적당히 필기만 해 놓으면 시험을 치고 학점을 이수할 수 있다. 심지어 필기도 필요하지 않을 수 있다. 착실히 필기하는 다른 친구의 것을 학기말에 복사하여 몇 시간 외우면 되기 때문이다. 교수는 교수대로 페이퍼를 읽고 평가하는 데 진이 빠지지 않으니 편하다. 일방적으로 강의하고 기말에 한두 장씩 백지를 나누어 준 후, 학생들이 자기 말을 얼마나 축자적으로 옮겼는가에 의해 채점만 하면 되기 때문이다. 그런 식의 평가는 대개 글자의 분량만 보면 금방 할 수 있다. 그런 식으로 땀흘리지 않고 이수한 교육 과정을 통해서 학생들의 의미 있는 성장이나 발전을 기대하는 것은 어리석은 일이다.

설교 준비와 페이퍼 쓰는 훈련의 상관 관계

대부분의 한국 신학대학원들의 교육은 미래의 설교자를 훈련시키는 데 중요한 결핍 요소를 가진 것으로 보인다. 좋은 설교가 되려면 우선 분명한 초점이 있는 메시지가 되어야 한다. 한 번의 설교를 통해 하나의 확실한 메시지가 강력하고 효과적으로 전달되어야 한다. 그런데 한국의 많은 설교들은 이 점에서 문제가 있다. 30분 짜리 설교에서 도무지 주제가 무엇인지 종잡을 수 없는 경우가 너무 많다. 혹은 너무나 여러 가지의 주제를 이것저것 언급하기 때문에 어느 것 하나도 교인들 마음에 확실한 인상을 심어 주는 데 실패하기도 한다. 이것은 한국 설교의 최대의 약점이다. 다른 모든 종류의 스피치와 마찬가지로 설교도 효과적인 메시지 전달 수단이 되기 위해서는 한 번에 하나의 명확한 논지를 강조해야 한다. 설교자는 모든 논증과 논리, 그리고 예화를 동원해서 하나의 주제를 청중들의 뇌리에 깊이 각인시켜야 한다. 그러므로 설교자는 한 주제에 대한 깊은 묵상과 연구를 통해 심도 있는 이해와 확신을 가져야 한다.

한 가지 주제를 30분이라는 긴 시간 동안 집중적으로 파헤치고 설득하고 논증하면서도 청중의 주의를 집중시키는 것이 그리 쉬운 일은 아니다. 그것은 설교 전달 기술과 함께 그 주제에 대한 많은 지식과 소양을 필요로 한다. 한국의 많은 설교들이 한 가지 주제를 파헤치는 대신 잡다한 여러 주제를 늘어놓는 일이 많은 이유는 설교자들이 한 가지 주제를 다각도로 분석, 제시할 수 있는 훈련의 경험이 없었기 때문이다.

설교자들이 한 가지 주제에 대해 설교할 때마다 30분 가까이 효과적으로 논하고 가르치는 능력을 가질 수 있으려면 신학대학원 시절에 매 학기마다 한두 주제나 몇몇 주제에 대해 연구하고 글을 쓰는 강도 높은 훈련들을 쌓아야 한다. 그러므로 한국의 신학교육이 좋은 설교자를 양성하는 데 관심이 있다면(그리고 그것은 마땅히 신학대학원 교육의 가장 주요한 목표들 가운데 하나가 되어야 한다) 신학생들에게 페이퍼 쓰는 훈련을 시켜야 한다. 학생들이 강의 시간에 교수의 강의를 듣고 필기해 두는 것으로 공부를 다했다는 생각을 갖지 못하게 해야 한다. 강의실에서 듣는 강의는 그저 그 과목의 가이드 라인을 제시받은 정도에 불과하고 본격적 공부는 자기 스스로 도서관에서 하는 것이라는 인식을 갖게 해야 한다.

페이퍼 쓰는 신학교육이 되어야

페이퍼 쓰는 훈련을 통해서 얻는 중요한 효과가 있다. 그것은 앞으로 설교자가 될 사람들에게는 꼭 필요한 일인데, 페이퍼 쓰는 교육을 통해 자발성, 진지성, 분명한 메시지와 신념, 신학적 관심, 그리고 논리적 능력이 개발된다.

첫째는 자발성이다. 페이퍼를 쓰기 위해서는 스스로 관심 있는 주제를 개발하고 그것을 추적해야 한다. 아무 신학적 관심거리도 없는 신학생은 드물겠지만 그런 사람이 있다면 페이퍼 쓰는 교육 분위기 속에서는 살아남기 어려울 것이다. 그렇기 때문에 신학생들은 항상 문제 의식과 신학적 관심사를 개발해 나가야 한다. 이것은 평생 동안 매주 설교를 준비하면서 살아가야 할 사람들에게는 필수적인 훈련이다. 설교 준비란 설교자가 매주 최소한 한 가지 주제에 대해 관심을 포착하고 묵상과 연구, 독서와 기도를 통해 그것을 추적하여 한 편의 완성된 설교문으로 만드는 작업이기 때문이다.

둘째, 신학생들이 페이퍼를 쓰는 훈련을 하는 동안 설교자에게 필요한 진지성을 개발하게 된다. 어떤 주제에 대해 페이퍼를 쓰기 위해서는 도서관에 가서 자료를 찾아 읽고, 그것을 분석하고, 평가하고, 정리해서 자기의 주장이 담긴 한 편의 완성된 글로 만들어야 한다. 그것은 진지성이 없이는 수행할 수 없는 작업이다. 어떤 문제에 대해 깊고도 진지한 관심이 있고 그것을 성실하게 그리고 인내심 있게 추적해야 한 편의 좋은 페이퍼를 쓸 수 있는데, 그것은 인생과 진리, 성경과 신학에 대해 설교자가 항상 지니고 있어야 하는 진지성을 배양하게 한다.

셋째, 이것은 설교자에게 필요한 신념과 확신으로 연결된다. 신학대학원에서 3년 간 여러 주제들에 대해 집중적인 연구와 독서를 통해 심혈을 기울인 글들을 쓰다 보면 그러한 주제들에 대해 개인적 신념과 확신이 생긴다. 설교자나 목사는 성경의 진리들에 대한 강한 신념과 확신이 필요한 사람들이다. 확신과 신념을 가지고 목회하고 설교할 수 있기 위해서는 신학대학원 시절에 여러 주제들에 대해 땀흘려 연구하고 공부한 결과로 형성되는 확신과 신념이 있어야 한다. 그러나 암기 위주로 훈련받은 신학생들은 기독교 진리에 대한 확신이 약할 수밖에 없다. 노트에 적어 둔 사실들은 스스로 땀흘려 공부한 결과로 얻은 지식들이 아니라 모두 남이 불러주거나 주입시킨 사상들이기 때문이다. 신념이 약한 설교자는 청중들에게 기독교 진리에 대한 강력한 인상을 심어 주는 설교를 하기 어렵다.

넷째는 기독교의 여러 진리들에 대한 관심과 흥미의 개발이다. 몇 가지 주제가 신학의 전 분야를 망라할 수는 없겠지만, 그럼에도 불구하고 몇 가지의 대표적 주제들에 대해 신학대학원 시절에 가지게 된 관심과 확신은 졸업 후에 다른 신학적, 성경적 주제들에 대한 관심으로 쉽게 연결된다. 설교자는 성경의 많은 진리들에 대한 무한하고 끝없는 관심이 있어야 한다. 하나님의 모든 진리를 사랑해서 그것에 대한 끊임없는 갈증이 있어야 한다. 평생 동안 매주 다른 성경적 진리에 대한 설교를 지치지 않고 준비할 수 있으려면, 지치기는커녕 설교 준비를 즐기고 그 작업에서 한없는 만족을 얻을 수 있으려면 기독교의 진리들에 대한 마르지 않는 관심과 흥미가 있어야 하기 때문이다. 이러한 관심이 페이퍼를 쓰는 훈련을 통해 개발된다. 몇 가지 주제들에 대해 진지한 관심을 가지고 연구해 본 사람들은 후에 인접 주제나 다른 주제들에 대해서도 쉽사리 흥미를 갖게 된다. 또 몇 가지 주제들에 대해 연구하는 경험을 가지고 그 방법을 터득한 사람들은 다른 주제들에 대해서도 연구할 방법과 능력을 가지게 된다.

마지막으로 글을 쓰는 훈련은 논리적인 사람이 되게 한다. 2, 30분 동안 다른 사람들에게 한 가지 주제에 대해 설득하기 위해서는 논리적이어야 한다. 우리 나라 사람들이 논리적 능력이 부족하다는 사실은 자타가 공인하는 바이다. 한국인들은 무조건적 순종과 암기 위주의 교육 속에서 자랐기 때문에 어려서부터 자기 생각을 조리 있게 표현할 기회를 얻지 못했고 자기 사상을 전개하도록 격려 받지 못했다. 그 때문에 한국식 교육을 받은 사람들은 자기 생각을 논리적으로 전개하는 능력이 아주 약하다. 그러나 글쓰는 훈련은 논리적 사고를 개발시키기 때문에 요즈음 일반 대학에서도 지원자들에게 논술 고사의 비중을 높였고 이러한 추세는 점점 더 강화될 전망이다. 그리하여 일선 고등 학교들에서도 논술 훈련을 강조하고 있다.

설교가 꼭 논문은 아니다. 그러나 한 가지 주제를 효과적으로 전하여 청중을 납득시키려는 목적을 가졌다는 점에서는 설교와 논문은 유사한 점이 많다. 지나치게 논리가 없는 설교는 청중들에게 강한 인상을 심어 주거나 그들을 설득할 수 없다. 논술 훈련이나 논리적 사고의 교육이 점차 활성화되어 논리적 사고와 전달에 익숙해진 21세기의 청중들에게 설교자가 지나치게 비논리적인 설교를 전한다면 아마 목회에 성공하기 어려울 것이다.

한국적 교육 상황 속에서는 페이퍼를 쓰는 훈련이 특별히 신학대학원에서 이루어져야 하는 또 하나의 이유가 있다. 그것은 한국의 초 · 중등 교육이나 대학 교육이 선진국들과 달리 글쓰는 훈련을 거의 시키지 않기 때문이다. 회사원이나 기술자 혹은 장사를 할 사람들이라면 글쓰는 훈련을 받지 않더라도 자기 직업의 수행에 큰 불편을 느끼지 않는다. 그러나 목사는 입장이 다르다. 목사는 평생을 다른 무엇보다 매주 설교를 준비하면서 살아가야 할 사람이다. 설교를 준비한다는 것은 성경 본문의 묵상을 비롯해 설교 주제에 관계된 책들과 자료를 수집해서 읽고 정리하여 설교문을 작성하는 일이다. 즉 글을 쓰는 일은 목사의 평생의 과제요, 임무다. 챨스 피니 같은 성령의 특별한 은사를 받은 사람들은 원고준비 없이 설교를 했다고 하지만 그런 특출한 설교자는 교회사에서 몇사람 되지 않는다(사실 피니는 주로 부흥사로 다녔기 때문에 설교를 많이 준비할 필요가 없었을지 모른다). 대부분의 설교자들은 성실한 설교준비와 설교문의 작성 없이는 매주 같은 교회에서 같은 청중을 상대로 훌륭한 설교를 하기는 어렵다.

이처럼 페이퍼를 쓰는 훈련이 좋은 설교자가 되기 위한 필수적 요소임에도 불구하고 한국 신학대학원들의 현재 구조 속에서는 그것을 시행하는 것이 거의 불가능하다. 이유는 두 가지 구조적 문제 때문이다. 하나는 신학생 전도사 제도요, 다른 하나는 학생 수가 과다하기 때문이다.

도서관이 필요 없는 신학대학원들

한국의 많은 신학대학원들은 사실상 도서관이 필요 없다. 이렇게 말하면 아마 많은 사람들이 의아해 할 것이다. "대학원에서 도서관이 필요없다니? 그러면 신학대학원생들은 무슨 공부를 하고 있단 말인가?" 하는 의문을 가질 것이다. 그러나 한국의 많은 신학대학원들은 엄격히 말해서 도서관이 필요 없는 교육을 제공하고 있다. 교수가 불러 주는 강의 내용과 그것을 기록한 노트만 있으면 충분히 학교를 졸업할 수 있는 교육방식 속에서 학생들이 도서관을 찾을 필요가 어디 있겠는가? 강의 듣는 것 외에 다른 공부, 특히 글쓰는 과제를 부과 받지 않는 데 왜 도서관을 찾겠는가? 한국의 많은 신학대학원들은 학생들로 하여금 도서관을 이용하는 공부를 하도록 유도하지 않고 있다.

외국 신학생들은 대부분 도서관에서 자료를 찾아 읽고 글을 쓰는 공부를 한다. 한 편의 페이퍼를 쓰기 위해서는 주제와 관련된 많은 단행본, 저널들, 논문들, 참고 자료들을 찾아 읽고, 분석하고, 평가해야 하기 때문이다. 그러한 훈련의 많은 부분이 바로 설교문을 작성하는 훈련이다. 준비 없이 좋은 설교를 할 수 있다고 믿는 설교자는 없다. 그런데 설교를 준비하는 훈련은 신학대학원에서 페이퍼를 쓰는 경험을 통해 숙달되어야 한다. 글을 쓰는 훈련이 되어 있지 않은 사람은 좋은 설교자가 되기 어렵다. 왜냐하면 설교자는 매주 최소한 하나 이상의 일종의 페이퍼를 작성해야 하는 과제를 평생 수행하는 사람이기 때문이다.

커리큘럼의 문제

한국 신학대학원들에서 페이퍼 쓰는 교육을 시행할 수 없는 또 하나의 이유가 있다. 그것은 커리큘럼의 문제이다. 한국에서는 신학대학원 생들이 보통 한 학기에 과목당 1~3학점씩 배정된 7~8과목을 이수한다. 심한 경우 9과목을 공부하는 때도 있다. 그래서 대개 한 주에 17~19시간의 강의를 듣는다. 많은 시간을 교회에서 전도사로 일하는데 바치면서 동시에 이렇게 많은 과목을 이수한다는 것은 결국 신학대학원 공부를 거의 강의를 듣고 끝내는 식으로 할 수밖에 없다는 말이다. 다시 말하면 어느 과목 하나도 진지하게 여러 책을 읽고 깊이 공부해 볼 시간을 가질 기회가 없다는 말이다. 그 많은 과목을 어떻게 모두 진지하게 공부하며 깊이 있게 독서해서 성의 있는 페이퍼를 쓸 수 있겠는가?

그러나 과연 대학원 교육이 이런 식으로 이루어져서야 되겠는가? 다 큰 성인들이(신학대학원생들의 평균 연령은 대개 30세 전후다) 스스로 읽고, 생각하고, 쓰는 아무런 노력 없이 단지 교수의 강의안을 앵무새처럼 외우는 것이 장래 그들의 목회에 어느 정도 도움이 되는 작업이겠는가? 또 어느 정도의 교육적 효과가 있는 활동이겠는가? 스스로 생각하는 훈련이 되지 않고 노예적으로 다른 사람의 견해를 암기하는 것밖에 훈련되지 않은 신학생들이 훗날 목사가 되었을 때, 어떻게 시시때때로 자기 교인들에게 부딪쳐 오는 다양한 문제들을 신학적으로 분석하고 그것에 대한 성경적 해답을 찾아 매주 강단에서 설교로 하나님의 진리를 제공할 수 있겠는가? 자칫하면 다른 사람의 설교집을 베껴서 읽는 복사판 설교자가 되기 쉽지 않겠는가?

생각하는 능력, 책 읽는 능력, 그리고 글쓰는 능력이 갖추어진 목사들을 배출하려면 신학대학원의 교과 과정이 조정되어야 한다. 현재 한국 보수 신학교들의 교과 과정은 100년 전의 선교사들이 전해 준 구 프린스턴신학교 교과 과정들을 아무 생각 없이 그대로 답습하고 있는 듯하다. '보수'가 의미 있는 것은 진리와 복음의 본질적 내용에 관한 것이지, 모든 교육의 형식과 방법에 관한 것은 아니다. 그렇다면 세월이 수십 년 흐르고 세상이 여러 번 바뀌었으면 신학대학원의 교과 과정도 그 적합성 여부가 검토되어 변화된 사회와 환경에 맞게 조정되어야 한다.

50년 전 해방 직후만 해도 우리 나라에는 신학교도 별로 없었고, 그나마 각 신학교에는 전임 교수들이 얼마 없었다. 뿐만 아니라 당시에는 우리 나라에 신학 서적이라는 것이 거의 없었다. 지금도 한국인 신학자들이 저술한 신학서를 다 모아 보아야 얼마 되지 않겠지만, 그래도 번역서는 지난 10년 동안에 상당히 많아졌다. 그러나 2, 30년 전만 해도 우리 나라에는 번역서조차도 별로 없었다. 그리고 당시에 원서도 많지 않았겠지만 설혹 있었다 해도 영어 원서를 읽을 수 있는 신학생들이 얼마나 되었겠는가? 그러므로 신학생들이 신학 지식을 획득할 수 있는 길은 오직 한 학교에 그저 두서너 명 남짓한 교수들의 입에서 나오는 강의에 의존하는 것뿐이었다. 그래서 그때는 어쨌든 학교가 여러 과목을 최대한 많이 개설해서 교수들이 자기가 가진 신학 지식을 수업 시간에 강의로 불러 주는 것이 신학생들에게 지식을 공급할 수 있는 유일한 길이었다.

그러나 이제는 시대가 엄청나게 달라졌다. 먼저 자격을 갖춘 교수들이 교단마다 넘쳐 난다. 외국의 유수한 대학들과 신학교에서 박사 학위를 받은 사람들이 남아돈다. 둘째, 각 신학대학원 도서관들도 과거와는 비교도 안 되게 풍부해진 예산으로 도서 구입비에 많은 비용을 할애하고 있다. 그래도 아직 외국 유수한 신학교들의 도서관들에 비하면 빈약하기 짝이 없으나, 과거 수십 년 전에 비하면 비교가 안 될 정도로 많은 원서와 번역서들이 한국의 신학교들에 소장되어 있다. 의지와 관심만 있으면 도서관들이 얼마든지 좋은 원서들을 구입할 수도 있다. 셋째, 한국어로 번역된 신학서들이 계속 홍수처럼 쏟아져 나오고 있다. 이런 여러 변화들이 의미하는 바는 이제 신학생들이 신학 지식을 획득할 수 있는 채널이 교수의 강의로 제한되지 않는다는 것이다. 즉 한 학기에 7~8과목, 그리고 한 주간에 스무 시간 가까운 강의를 제공하는 식의 구태의연한 교과 과정은 이 시대에 적합하지도, 필요하지도 않다는 것이다.

그럼에도 불구하고 한국의 여러 보수 신학교들은 아직도 수십 년 전, 심지어 백 년 전의 교과 과정을 그대로 채용하고 있다. 많은 교수들은 자기 강의안을 불러 주고, 학생들은 그것을 받아 적는 것으로 신학교육이 끝나고 있다. 아마 지구상에 한국 신학대학원 식의 고등 교육 방법은 없을 것이다. 고등 교육의 목적이라는 것이 스스로 공부하고, 비판적으로 생각하며, 효과적으로 표현할 수 있는 능력을 길러 주는 것일진대 한국의 신학교들은 이러한 교육 목적을 제대로 달성하지 못하고 있을 뿐 아니라 그러한 목적을 추구하지도 않고 있다. 한국 강단의 질이 교인들에게 만족스럽지 못한 인상을 준다면 그 이유의 중요한 부분은 이러한 구태의연한 교과 과정에 관계되어 있을 것이다. 즉 스스로 공부하는 방법을 터득하고 연구하는 체질이 훈련되지 않은 신학생들이 일선 교회들로 배출되어 설교를 담당하고 있기 때문이다.

페이퍼를 쓰는 교육은 교수와 학생 피차에게 힘들다. 학생들은 수업 시간 외에 많은 시간을 투자해서 도서관에서 자료들을 뒤져야 하고 그것들을 조심스럽게 읽고 정리, 요약, 분석해야 하며, 카드에 옮겨야 하고 그것들을 하나의 체계 있는 글로 작성해야 한다. 그러한 작업은 엄청난 시간과 정력을 요하는 작업이다. 그러나 그것이야말로 공부요, 교육의 경험이다. 그리고 공부하느라고 땀을 흘린 만큼 성장도 있다.

교수들도 마찬가지다. 한 사람 한 사람의 땀이 어린 페이퍼를 한 줄 한 줄 읽고, 그것에 대해 평을 하고, 마지막에 가서 전체적인 장단점을 적어 주고 개선을 위한 제안을 하는 것은 보통 신경쓰이는 일이 아니다. 엄청난 성의를 가지고 그것들을 읽고 또 평가해야만 가능한 일이다. 그러므로 이런 식의 교육은 사실 학생 수가 많으면 실행 불가능하다. 외국의 신학대학원들이 비록 더 많은 학생들을 모집할 수 있다고 하더라도 일정 수 이상을 받지 않고 정원을 스스로 제한하는 이유들 가운데 하나가 여기에 있는 것이다.

페이퍼 쓰는 교육이 이루어지면 한 학기에 서너 과목 이상을 이수시키는 것이 거의 불가능하다. 생각해 보라! 어떻게 한 학기에 각각 20페이지 짜리 소논문 5~6개를 준비할 수 있겠는가? 사실은 서너 개도 진지하게 준비하기는 쉽지 않다. 그러므로 이런 식의 고등 교육다운 교육을 실시하려면 한 학기에 이수하는 과목을 3학점 짜리 네 과목 정도로 줄여야 한다. 그렇게 하려면 당연히 졸업 학점 수도 대폭 줄어야 한다.

어차피 신학대학원에서 모든 것을 다 공부할 수는 없다. 성경 66권을 다 커리큘럼에 넣어서 한 과목 한 과목 공부하면 좋겠지만, 그렇게 하려면 M. Div. 과정이 10년은 걸릴 것이다. 결국 모세 오경, 선지서, 역사서, 시가서, 복음서, 서신서 등에서 대표적인 책들을 하나씩 선택해서 가르치는 중에 학생들로 하여금 스스로 성경의 다른 책들까지 연구하는 방법과 능력을 갖출 수 있게 해주는 것뿐이다. 신학대학원은 고기 잡는 방법을 가르쳐 주는 곳이어야 하지, 고기를 잡아 주는 곳이 되어서는 안 된다. 아무리 많은 고기를 잡아 주더라도 그것만 가지고 목회를 할 수는 없다. 신학교에서 교수들에게 받은 고기를 가지고 일선 교인들을 몇 주간 먹일 수 있겠는가? 아마 일 년도 안 되어 바닥이 나고 말 것이다. 그러나 신학생들에게 고기를 잡는 방법을 확실히 훈련시키면 그는 나가서 평생 고기를 잡아 매주 싱싱한 것들로 자기 교인들을 먹일 수 있게 된다.

선택 과목과 토론식 수업

한국의 신학대학원들의 교과 과정에는 선택 과목이 극히 드물다. 그 말은 거의 모든 과목이 기본적으로 이수해야 하는 필수 과목들 뿐이고, 좀 진전된 내용을 다루는 과목들(advanced courses)은 거의 없다는 말이다. 그것은 신학대학원의 모든 교육이 교수의 일방적 강의로 이루어지는 현실과도 관계되어 있다.

물론 신학대학원은 일반 대학원과는 달리 특수 대학원이다. 즉 신학대학원 학생들 대부분은 학부 과정에서 신학이 아닌 다른 전공을 공부한 사람들이므로 신학에 대해서는 별 전문 지식이 없는 상태에서 신학대학원에 온다. 그런 이유에서 그들이 우선 일 년 정도는 히브리어, 헬라어의 기본적인 학점 이수를 비롯해서 주로 개론적이고 서론적인 신학

강의를 들을 필요가 있는 것은 사실이다.

그러나 만일 어떤 신학대학원이 3년 내내 이런 식으로 학생들에게 개론과 총론에 관한 필수 과목만 이수시켜서 목사 후보생들을 배출한다면 문제가 있다. 왜냐하면 이들은 신학적 사고와 연구의 훈련이 전혀 되지 않은 채 극히 단편적이고 피상적인 약간의 신학 지식만 가지고 목회에 임해 설교를 해야 하기 때문이다. 신학대학원이 다른 대학원들과 다른 특수성이 있는 것은 사실이지만, 그 곳 역시 대졸자들이 교육받는 고등 교육 기관이다. 신학대학원생들의 사고력이나 정신적 성숙도는 이미 대학 교육을 필한 대학원생들의 수준이다. 그러므로 신학대학원 교육이 개론에 관한 필수 과목 과정뿐이라면 이들은 신학대학원에 입학해서 다시 학부 1, 2학년 수준으로 낮아진 교육을 받아야 하는 셈이 된다. 즉 극히 기초적인 교양 필수 과목들만 3년 간 듣다가 졸업하는 셈이 된다. 깊이 있는 신학적 훈련을 전혀 받지 못하고 신학대학원 시절을 보낸다면 그 기간 동안 이들의 학문적 잠재력과 지성적 소양은 전혀 개발되지 않는다. 그런 식의 교육이 어느 곳에서 이루어지든 교육으로서 만족스럽고 바람직한 것이라 할 사람은 아무도 없을 것이다.

교육이라면 마땅히 어느 단계의 것이든 인간의 지적, 학문적 잠재력과 가능성을 개발해 주고 사고와 인격의 폭을 넓혀 주는 역할을 감당해야 한다. 인생의 황금기인 젊은 시절에 3년이나 되는 세월을 투자하여 고등 교육을 받으면서 단지 그 분야의 초보적인 지식만 잡다하게 전수받고 암기하여 나간다는 것은 시간을 낭비하는 교육이다. 신학대학원은 성경 퀴즈 대회에 나갈 선수들을 훈련시키는 장소가 아니다.

신학대학원에서는 늦어도 2년째가 되면 학생들 각자가 관심을 가진 신학 분야에 대해 좀더 깊이 공부하고 스스로 연구할 수 있는 코스들이 제공되어야 한다. 그것은 필수 과목이 아니라 선택 과목에서 제공할 수 있는 혜택들이다. 그러한 과목들은 당연히 진전된 내용을 다루는 전문적 과정들이다. 신학생들은 상급 학년이 될수록 그러한 과목을 이수할 기회를 더 많이 제공받아 스스로 신학적 관심사를 개발하고 여러 주제들을 탐구하여 목사로서의 학자적 소양을 갖추어 가야 한다.

진전된 과목의 수강생들은 스스로 책을 읽고 연구한 내용들이 많을 것이므로 수업 방식도 학생들의 발표와 토론으로 이루어져야 한다. 한국의 목사 후보생들에게는 특별히 발표와 토론식 수업의 훈련이 필요하다. 왜냐하면 한국에서 교육받고 자란 사람들은 어릴 적부터 한 번도 제대로 자기 생각을 표현할 기회를 얻지 못하고 교육을 마치기 때문이다. 우리 문화는 전통적으로 사람들이 자기 생각을 표현하는 것을 억압하는 권위주의적 문화다. 점차 조금씩 나아지고 있지만 아직도 우리의 각급 학교 풍토는 학생들에게 다소곳한 청종을 최고의 미덕으로 가르친다. 어른이나 교사가 하는 말을 그대로 듣고 따르는 것이 가장 훌륭한 태도라는 인식을 사회 전체가 은연 중에 구성원들에게 심어 주고 있는 것이 유교권의 실정이다. 질문을 한다든가, 자기의 창의적 생각을 표현한다든가 하는 것을 달가와하지 않는 획일적 분위기가 우리 사회를 수백 년간 지배해 왔다. 그 때문에 대학까지 졸업한 신학대학원생들이라 하더라도 자기 생각을 말이나 글로 조리 있게 효과적으로 표현할 수 있는 능력을 갖춘 사람들은 소수다. 그런 형편에 신학대학원에서마저 자기 표현의 기회를 갖지 못하고 또 창의적 사고의 훈련을 받지 못한 채 졸업한다면, 그가 어떻게 설교의 주제를 발견하고 심도 있게 연구하여 교인들에게 가르치고 설교하는 목사가 될 수 있겠는가?

그러므로 한국의 신학대학원에서는 토론의 훈련을 통해 효과적인 커뮤니케이션의 능력을 길러 주는 교육 방식이 절대적으로 필요하다. 그를 위해 선택 과목의 풍부한 개설은 긴요하고 필수적이다. 물론 이 일을 위해서는 보다 많은 교수진의 확보가 그 전제로서 요청된다.

맺음말

오늘날 한국 교회는 일반 사회에 비해 너무 뒤떨어져 있다. 하루가 다르게 변화하고 있는 세상에 발맞추기 위해 사회는 제도나 체질의 개선을 발빠르게 수행하고 있다. 그러나 교회는 주변 세계의 이러한 변천에 전혀 아랑곳없이 수십 년 전의 방식에 안주하고 있다. 대표적인 것들 가운데 하나가 목사 후보생 교육이다. 대학 졸업생들을 교육하는 일반 대학원들 중 한 클래스에 수백 명을 수용해서 교육하는 데가 있는가? 그러나 신학대학원들은 그러한 일을 예사로 행하고 있다. 그들은 '과거에는 그보다 더 열악한 여건 속에서도 목사를 잘만 양성했는데' 라는 생각을 하고 있는지 모른다.

그러나 그것은 시대 착오적 사고다. 한 세대 전만 해도 한국인들의 평균 교육 수준은 극히 낮았다. 당시에는 성인들 중 무학자들이 많았고, 심지어 문맹자들도 적지 않았다. 초등 학교만 졸업한 사람들은 비일비재했고 중등 학교 졸업자면 상당한 고학력자로 간주되었다. 그러한 시절에는 그저 초등 학교를 졸업하고 성경 학교나 신학교 몇 년 다닌 후 목사가 되더라도 큰 무리가 없었다. 그 정도만 해도 대부분의 일반 신자들보다는 교육을 훨씬 많이 받은 편에 속했기 때문이다.

그러나 지난 한 세대 동안 한국 사회는 크게 변모했다. 정치, 경제, 문화 등 사회의 모든 분야는 눈부시고 급속한 변화를 경험했다. 정치적으로는 군사 독재를 청산하고 완전한 민주화를 이루었고, 경제적으로는 일인당 몇 백 불도 안 되던 국민 소득이 만 불을 넘는 지점에까지 이르렀다. 대학 진학률은 미국을 제외하고는 세계 2위로 국민들의 평균 학력이 전문대 졸업 수준에 달하게 되었다. 텔레비전이나 신문 등의 매스컴이 급속도로 보급되어 요즘은 고등 교육을 받지 않은 사람들이라 할지라도 날마다 홍수처럼 쏟아지는 무수한 정보를 접하고 있기 때문에 어수룩하다고 생각되는 사람은 별로 없다. 신세대는 물론이고 대부분의 시민들이 합리적 사고에 익숙해졌으며, 권위주의적 태도에 반발하고 있다.

이처럼 변화된 사회의 영적, 정신적 지도자가 되기 위해서는 당연히 수십 년 전과는 다른 자격과 훈련이 요구된다. 21세기의 목회를 준비하는 목사 후보생들을 교육하는 신학대학원은 자기들의 학생들이 목회를 하게 될 10년, 또는 20년 후 그들의 회중들이 어떤 사람들일지를 고려해야 한다. 미래에 목회를 할 90퍼센트 이상의 목사들은 도시에서 도시민들을 상대로 목회를 하게 될 것이다. 왜냐하면 앞으로 한국에서 도시화는 더욱 신속히 진행될 것이기 때문이다. 현재 농촌 인구가 전 인구의 15-20퍼센트라고 하는데 이 수는 점점 더 줄어들어, 얼마 후에는 선진국처럼 농촌 인구가 5퍼센트 미만 수준으로 떨어질 것이다. 실제로 얼마 전만 해도 형편없는 두메 산골로 여겨지던 많은 읍면들이 이제 행정 구역상 시가 되었다. 전국적으로 도시화가 급격히 이루어지고 있다.

이러한 도시화가 의미하는 바는 무엇인가? 사람들의 사고가 더욱 더 합리화되고 교육과 생활 및 문화 수준은 더욱 높아질 것이며, 직업들은 더욱 전문화될 것이라는 사실이다. 어떤 사람들은 이렇게 말한다. "우리 교단 교회들은 대부분 시골에 있기 때문에 목사 후보생들의 수준이나 신학교육의 질을 너무 높이면 안 된다." 그러나 그것은 단견이다. 앞으로는 우리 나라에 시골이 거의 없어질 것이며, 적당히 설교해도 상관없을 '만만한' 교인들이 별로 남아 있지 않을 것이기 때문이다.

신학대학원들은 자기들이 배출하는 미래의 목사들이 목회를 하게 될 회중들 속에 각계 각층의 사람들이 있을 것을 예상해야 한다. 그들 가운데는 대학 교수들, 박사들, 유학 경험자들, 교사들, 법조인들, 의사들, 기술자들, 경영인들, 사업가들 등 온갖 종류의 교인들이 있을 것이다. 그런데 그처럼 교육적, 사회적 수준이 높은 교인들이 많은 교회에서 목사의 설교가 지리멸렬하고 핵심이 없으며, 논리적이지 못하다면 과연 목회가 제대로 이루어질 수 있겠는가? 또한 목사의 권위가 제대로 확립될 수 있겠는가? 그러한 목사에게 사람들이 와서 설교를 듣고 배우려 하겠는가? 신학교들은 자기 학생들이 그러한 교인들이 많이 있는 교회에서 설교하게 될 경우까지 대비하여 신학생들을 준비시켜야 한다.

교회사에서 농촌 지역 교회만 목회하게 될 신학생들을 육성하는 신학교는 없었다. 신학생들은 하나님이 부르시면 도시든, 농촌이든 어떤 지역의 교회에라도 가서 목회를 할 수 있도록 훈련되어야 한다. 신학교들은 자기 학교 졸업생들이 누구나 교육적, 사회적, 경제적으로 어떤 수준의 교인들로 이루어진 교회에라도 가서 성공적으로 목회를 감당할 수 있도록 훈련시켜야 한다. 도시의 상류층 교회들만 목회를 하게 될 신학생을 별도로 훈련시키는 신학교가 있을 수 없듯이 농촌의 빈민층만을 목회를 하게 될 신학생들을 교육하는 신학교도 있을 수 없다. 모든 신학생들은 어떤 지역, 어떤 수준의 회중들을 상대로 하든 목회를 할 수 있도록 훈련받아야 한다.

한국의 선교 초기에 평양신학교 교수였던 레이놀드 같은 미국 선교사들은 한국 신학생들에게 '교인들보다 조금 높은' 정도의 교육만을 제공해야 한다고 주장했었다. 교인들보다 교육 수준이 너무 높으면 교인들과 괴리감이 생길 수 있으므로 적어도 선교 초기에는 한국 신학생들을 미국에 보내 교육과 생활 수준을 높이지 말아야 한다는 것이었다. 백 보를 양보해서 이러한 방침이 당시에는 잠정적으로 일리가 있었을지 모른다. 그러나 한번 정해진 방침은 좀체 변경되기 어려운 것이 한국 사회의 생리다. 보수적이고 고정 관념이 강한 한국인들은 그 방침을 성경적 진리인양 백 년 이상의 세월이 흐른 시점에까지 고수했다. 결과적으로 그것은 후대 한국 교회에 커다란 손실을 초래했다.

19세기 말 당시 '교인들보다 조금 높은' 정도의 교육은 아마도 초등학교 교육에다가 약간의 신학교육을 받는 것을 의미했을 것이다. 당시에는 그 정도로라도 한국인들을 목회를 하는 데 큰 어려움이 없었을 수 있다. 그러나 문제는 세월이 수십 년 흐른 후에도 그것이 한국 목사의 교육적 자격을 위한 하나의 표준이 되었다는 것이다. 세대가 바뀌어 완전히 달라진 사회에서 신학교육을 행하는 어떤 사람들이 '우리 선배 목사들은 그 정도의 교육만 받고도 잘만 목회를 하더라' 하는 논리를 전개했다. 그러면서 그들은 자기 교단의 목사 후보생들을 위한 교육 수준을 수십 년 전 상태대로 유지했다. 오늘날 한국 교회의 많은 목사들이 목회 일선에서 고전을 면치 못하는 이유의 일단은 여기서 발견된다. 목사가 한 교회에서 존경을 받고 권위를 유지하자면 인격적, 영적으로는 물론이요, 신학적, 교육적으로도 교인들의 평균 수준을 훨씬 상회해야 한다. 그래야만 교인들을 지도하고 가르치는 데 문제가 발생하지 않는다. 역사적으로 교회가 목사 양성을 위해서 대학을 설립하기 시작했던 것은 그러한 이유 때문이었다. 목사는 교인들의 선생이기 때문에 신앙과 영성 외에도 식견과 학식이 높아야 한다.

'교회는 그 교회의 담임 목사 수준 이상으로 자라지 못한다.'는 말은 참으로 진리인 것으로 보인다. 목사가 어떤 교회에서 1~2년 목회하고 떠날 것이 아니라 적어도 5년, 10년을 목회를 하는 것이 일반적이라면 그들은 교인들보다 현저히 높은 영적, 신학적 수준과 식견을 구비한 후 목회에 임하는 것이 바람직하다. 분명한 신학과 기독교적 세계관 및 가치관을 정립하고 있어서 의식 수준이나 관점과 안목이 교인들보다는 몇

차원이 높아야 가르치는 자로서 교인들을 제대로 양육할 수 있으며, 지도자로서 권위가 확립되고 교인들의 존경을 얻을 수 있을 것이다.